Deutsche Grenzerfahrungen

Ein Künstlerleben zwischen
Leipzig und Hamburg

KLAUS ELLE

Deutsche Grenzerfahrungen

Ein Künstlerleben zwischen Leipzig und Hamburg

mitteldeutscher verlag

Umschlagabbildung: Klaus Elle, o. T., Selbstporträtüberzeichnung, 2020, Tusche, Ölfarbe, auf Digitaldruck Maße 1,00 m × 1,80 m

Bibliografische Information der Deutschen Nationalbibliothek
Die Deutsche Nationalbibliothek verzeichnet diese Publikation in der Deutschen Nationalbibliografie; detaillierte bibliografische Daten sind im Internet über http://dnb.dnb.de abrufbar.

Alle Rechte vorbehalten.
Der Verlag behält sich die Verwertung der urheberrechtlich geschützten Inhalte dieses Werks insbesondere für Vervielfältigungen, Übersetzungen und die Einspeicherung und Verarbeitung in elektronischen Systemen auch für Zwecke des Text- und Data-Minings nach § 44 b UrhG ausdrücklich vor. Jegliche unbefugte Nutzung ist hiermit ausgeschlossen und strafbar.

1. Auflage
© 2024 mdv Mitteldeutscher Verlag GmbH, Halle (Saale)
www.mitteldeutscherverlag.de

Gesamtherstellung: Mitteldeutscher Verlag, Halle (Saale)

ISBN 978-3-96311-904-0

Printed in the EU

KÖRPER IM OSTEN,
GEIST IM WESTEN

Endlich bog der lindgrüne Ford Taunus um die Ecke Ossietzkystraße Thälmannstraße und fuhr im Schritttempo suchend auf unser Haus, Paul-Heyse-Straße 7, zu. Ich stand schon seit über zwei Stunden auf dem Fußweg und erwartete voller Unruhe die Ankunft eines alten Kriegskameraden meines Vaters, der unsere Familie zum ersten Mal besuchen wollte. Vater hatte von diesen Kriegskameraden nicht allzu viel erzählt, nur dass er Harry Curd hieß und dass sie zusammen einige Wochen in Russland während des Krieges gedient hatten. Herr Curd war damals Leutnant gewesen, Vater war wegen einer Hüftverletzung bei einer Fernmeldeeinheit im Hinterland stationiert. Nach dem Krieg gerieten beide in Gefangenschaft, Vater wurde als Koch bei den Engländern in der Nähe von Uelzen interniert, Herr Curd kam später überraschend ins gleiche Lager, lernte dort Vaters Kochkünste schätzen und es entwickelte sich eine lose Freundschaft. Als die Gefangenschaft für beide endete, kehrte Vater nach Leipzig zurück und Herr Curd machte sich auf nach Hause ins Ruhrgebiet. Viele Jahre hatten sie keinen Kontakt, doch dann kam Anfang der sechziger Jahre überraschend ein Brief aus Bochum. Herr Curd war dorthin gezogen, arbeitete als Ingenieur in einer Textilfabrik, er hatte geheiratet, zwei Kinder bekommen, und er würde sich freuen, so schrieb er, wenn sie sich nach all den Jahren der Trennung wieder einmal sehen könnten.

Gegen Mittag hielt das chromglänzende Auto vor unserem Haus, ich machte von außen die Tür auf und begrüßte aufgeregt Herrn Curd und seine Frau. Frau Curd hatte einen großen Strauß Blumen in der Hand und eine Packung Lindt-Pralinen lag auf dem Rücksitz. Ich fragte, ob ich für einen Augenblick allein im Auto sitzen durfte. Herr Curd blickte mich freundlich an, erlaubte es mir und ich setzte mich mit einem stillen Lächeln hinter das Lenkrad. Ich schaute mir das Armaturenbrett staunend an, strich über die weichen Sitzpolster, schaltete das Radio ein, bewegte das Lenkrad vorsichtig, imitierte das dumpfe Brummen des Motors und inhalierte diesen fremden, Wohlstand verheißenden Duft der anderen deutschen Welt.

Einige Wochen später erzählte mir Rolf vom Hof gegenüber, dass er ein amerikanisches Auto in der Stadt gesehen hätte, das noch viel größer war als der Ford Taunus 17 M, in dem ich höchstpersönlich gesessen hatte.

Dieses Auto, so berichtete er mit glänzenden Augen, hätte sogar zwei riesige Kotflügel und ein Klappdach, das wie von Geisterhand selbstständig unter der Kofferhaube verschwinden könne.

Viele Abende kurz vorm Einschlafen stellte ich mir dieses Auto in phantastischen Varianten vor. Ich setzte mich in Gedanken lässig ans Steuer, kurbelte die Seitenscheiben herunter, klappte das Dach souverän auf und zu, ließ lautstark den Motor aufheulen und schaltete mit einem kleinen Hebel neben dem Blinker die Hydraulik der riesigen Kotflügel ein, so dass sie wie elegante Flügel eines seltsamen Vogels hoch- und herunterschwangen.

Kotflügel, was für unglaubliche Sachen es im Westen gab.

Die Eltern meiner Mutter wohnten nur einige Häuserblocks entfernt. Großvater Alfred war gelernter Möbeltischler und arbeitete

als Meister in einer holzverarbeiteten Fabrik. Oma Hanna war ihr Leben lang Hausfrau und kümmerte sich mit großer Hingabe und unermüdlicher Disziplin um alle häuslichen Dinge. Beide waren sie äußerst sparsam und drehten jeden Pfennig mehrmals um, bevor sie ihn für irgendetwas ausgaben. Sie stammten aus einfachen, proletarisch geprägten Verhältnissen, ihre Devise war: Man muss ein Leben lang schauen, wie man unter schwierigsten Verhältnissen überlebt, die Kinder groß bekam und dabei stets einen Spargroschen in einer sorgsam versteckten Schatulle in der Hinterhand hatte. Oma Hanna war der Stein in der Brandung.
Lerne, schaffe, leiste was, dann haste, kannst, biste was! Diesen Satz wiederholte sie ständig zu allen Gelegenheiten wie ein heiliges Mantra.
Großvater dagegen war etwas ängstlich und schnell aufbrausend. Täglich lief er aus Sparsamkeitsgründen eine Stunde zu seiner Arbeit, weil er die zehn Pfennig Fahrgeld für die Straßenbahn sparen wollte. Oma pflanzte jedes Jahr mehrere Tomatenpflanzen in ihre Blumenkästen auf dem Balkon und zeigte im Spätsommer immer stolz ihre kleine Ernte reifer Tomaten.
Äpfel, Birnen, Johannisbeeren und saisonales Gemüse pflückten wir oft zusammen mit meinen Eltern und den Großeltern bei einer entfernten Tante in ihrem riesigen Garten am Rande der Stadt. Meine Eltern kochten dann nach der Arbeit die Früchte in unserer kleinen Küche ein.
Es dampfte unbeschreiblich aus allen Töpfen, es roch verführerisch süß nach den verschiedenen Fruchtsorten, und Vater strahlte dann immer, wenn die Batterien von Flaschen und Gläsern versammelt auf dem Küchentisch standen.
Als ich einigermaßen deutlich schreiben konnte, musste ich dann die Etiketten beschriften: zehn Flaschen „SauKi 62", sieben Mar-

meladengläser „Himbi-Erdbeer 64" oder zwölfmal Birne in der Einliterflasche, Aug 66.

Opa Alfred war seit seiner frühesten Jugend aktives Mitglied der SPD, während des Dritten Reiches arbeitete er illegal gegen die Faschisten, entkam nur knapp mehreren Verhaftungen, und nach dem Zusammenbruch der Hitlerdiktatur engagierte er sich mit aller Kraft für den Aufbau des ersten sozialistischen Arbeiter-und-Bauernstaates auf deutschen Boden der DDR. Er war Straßenbeauftragter in der Lindenallee, zeitweise Hausbuchführer und nach der Vereinigung von KPD und SPD überzeugtes Mitglied der SED. Mit seinem älteren Bruder, der ebenfalls Mitglied der SED war, gab es zu allen feierlichen Anlässen häufig lautstarke Auseinandersetzungen über den Kurs der Partei in der noch jungen DDR. Großvater vertrat eher eine gemäßigte Position, er plädierte für die friedliche Wiedervereinigung Deutschlands, wollte Annäherung und Integration des bürgerlichen Erbes in den Sozialismus. Sein Bruder hingegen war getrieben von einem unergründbaren Fanatismus und musste zwangsläufig alles kapitalistische-spätbürgerliche Denken und Handeln ausmerzen. Alles Zaudern und Taktieren nütze nur dem Gegner im Westen, dozierte er lautstark. „Je schneller wir den Sozialismus aufbauen, das brüderliche Band mit den sowjetischen Freunden stärken, desto schneller begreifen die Menschen, dass wir die Sieger der Geschichte sind. Die Zukunft liegt in unseren Händen", sagte er lautstark, „wenn wir mit aller Konsequenz und nötiger Härte die Ideen von Marx und Engels durchsetzen."

Jede Feier geriet zum Ende, unter der Einwirkung von hochprozentigen sozialistischen Spirituosen, zu einem familiären politischen Schlachtfeld. Meistens trennten die Ehefrauen nur mit großer Not die aufgebrachten Brüder, und in der dann folgenden eisigen Stille klang das Klappern der Löffel wie leises Säbelrasseln vor der nächsten Schlacht.

Oma Hanna stand dann üblicherweise in voller Montur ganz plötzlich in der Tür mit ihrem grauen Mantel, beigem Hut und Stock und sagte mit strenger Miene: „Alfred, es reicht, wir gehen", worauf Alfred brav seinen Mantel anzog und beide schnurstracks die Wohnung verließen.

Irgendwann kam es dann doch zum völligen Bruch. Scheinbar war eine unsichtbare Linie überschritten worden, ein böses Wort zu viel gesprochen, wie auch immer, das Tuch zwischen ihnen und ihren Familien war zerschnitten, und das sollte eine ganze Weile so bleiben.

Erst nach vielen Jahren, beide waren mittlerweile schon seit einiger Zeit Rentner, gab es eine erneute Annäherung. Onkel Albert hatte als Pensionär einen Reisepass erhalten, mit dem er und seine Frau ins westliche Ausland fahren durften. Er besuchte im Frühjahr 1972 entfernte Verwandte in Braunschweig, kam danach völlig verstört zurück und verstand plötzlich die Welt nicht mehr. Er fühle sich betrogen, erzählte er aufgebracht, wer das dort drüben in Westdeutschland mit eigenen Augen gesehen hätte, all diesen Wohlstand, das unglaubliche kulturelle Angebot, also wenn man das mit seinen eigenen Augen gesehen hätte, dann beginne man an den sozialistischen Idealen zu zweifeln. Er hätte sich verführen lassen, umsonst gekämpft, umsonst gelitten, wie hätte er nur so dumm und verbohrt sein können, alles zu glauben, was ihm die Partei eingetrichtert hätte, er wäre der falschen Philosophie auf dem Leim gegangen, erklärte er verbittert.

„Uns hat das Schicksal auf die falsche deutsche Seite geworfen", sagte er seinem Bruder. Er trat aus der Partei aus, und als seine

Frau gesundheitlich angeschlagen bald verstarb, übersiedelte er nach Braunschweig.

Zu Weihnachten schickte er uns einen Brief mit einem Farbfoto. Man sah ihn auf einem schwarzen Ledersofa sitzen, vor ihm stand ein flacher Glastisch mit einem dunkelroten Rosenstrauß in einer bauchigen Vase und eine Flasche Henkell-Sekt daneben.

Es ginge ihm gut, schrieb er, hier bekäme er fast dreimal so viel Rente wie im Osten, er hätte sich einen kleinen Volkswagen gekauft, reise munter durch Europa und fragte, ob ihn sein Bruder mit seiner Frau nicht einmal besuchen wolle.

Opa meinte entrüstet: „Wir sind doch keine Bettler und lassen uns nicht mit ein paar Westmark kaufen, wir bleiben, wo wir sind, einen alten Baum verpflanzt man nicht mehr."

Meine Freundin Gitta wohnte im gleichen Haus, ein Stockwerk über mir. Sie ging in meine Parallelklasse und hatte fast immer das beste Zeugnis. Sie sang im Schulchor und gehörte später zur Fraktion der Beatlesfans. Außerdem war sie eine überzeugte Pionierin, und später wählte man sie mit großer Mehrheit zur Gruppenratsvorsitzenden.

Ihre Mutter war eine kleingewachsene, gutmütige Frau mit einem großen Herz für alle Tiere. Sie sammelte kranke Tauben von der Straße auf, fütterte im nahen Rittergut die jungen Katzen mit Sprotten und Hackfleisch, und für mehrere Jahre lebte ein Eichhörnchen in ihrer Wohnung, das sie als halbnacktes Baby im Park aufgelesen hatte. Vormittags arbeitete sie in einem Fischgeschäft als Verkäuferin, am Nachmittag saß sie vor ihrem schwarzweißen Fernsehgerät in der Stube und drückte mit einem abgegriffenen Holzstempel kleine Pappscheibchen in halbfertige Kronkorken, um ihre Haushaltskasse aufzubessern.

Gittas Vater war immer unterwegs. Er verdiente sein Geld als Kraftfahrer bei einem hohen Offizier der sowjetischen Armee. „Ich arbeite bei den Freunden", sagte er stets mit einem stolz geschwängerten Unterton, wohingegen mein Vater ironisch anmerkte, er würde sein Geld bei unseren geliebten russischen Besatzern verdienen.

Gittas Vater war auch der einzige Bewohner im Haus, der zu allen staatlichen Feiertagen seine Fenster mit roten Fahnen und DDR-Flaggen schmückte.

Vater kommentierte das mit der Bemerkung: „Unser braver Genosse Rolf Schulz, bezahlter Mitarbeiter unserer sowjetischen Freunde, hat wieder pflichtbewusst seine gesamte Fensterfront illuminiert."

Wobei ich mit dem Wort „illuminiert" überhaupt nichts anfangen konnte.

Kurz vor dem Mauerbau war Gittas ältere Schwester einfach verschwunden. Niemand wollte etwas Genaueres darüber wissen oder gar gefährliche Vermutungen äußern, doch alle munkelten, dass sie sich bestimmt in den Westen abgesetzt hätte. Gittas Vater hüllte sich lange in eisiges Schweigen, doch einmal, so erzählte sie mir unter dem Siegel der Verschwiegenheit, hätte er seinen ganzen Zorn herausgebrüllt und verkündet, er wolle seine Tochter bei sich zu Hause nie wieder sehen. Sie habe seine Familie zerstört und seine Ehre als Parteigenosse beschädigt, weil sie aus niederen Instinkten zum Klassenfeind übergelaufen sei.

Doch nach einiger Zeit kamen große Pakete bei Familie Schulz an. Absender Frankfurt am Main. Gitta zeigte mir freudestrahlend funkelnde Glitzerkarten von Filmstars und Zauberfeen, sie hatte massenweise tolle Stammbuchbilder mit wunderschönen Tiermotiven zum Tauschen. Später schickte ihre Schwester nagelneue

Barbiepuppen mit ganzen Kleiderkollektionen, die sie ganz unten im Schrank in einem Geheimfach aufbewahrte.

Dann beobachteten wir eines Tages Rolf Schulz, als er am Sonntag früh zu seinem wöchentlichen Frühschoppen durchs Treppenhaus schlenderte, und wir bemerkten, dass er ein nagelneues, weißes Nylonhemd mit der schwarzen Rose von Seidensticker trug, dazu ein Paar hochmodischer Salamander-Schuhe.

Und selbst zehn Minuten, nachdem er das Haus verlassen hatte, roch es noch nach einer betörenden Parfümwolke Marke Tabak, Made in West Germany.

Einige Jahre später im Frühjahr zur Leipziger Messe, wo man kurzfristig als Westbürger problemlos ein Einreisevisum in den Osten bekam, hielt sonntags unten auf der Straße ein nagelneuer Mercedes der S-Klasse. Ein kleiner, korpulenter Mann mit Glatze stieg schnaufend aus, öffnete die Beifahrertür, Gittas Schwester bewegte sich grazil mit einem eleganten, dunkelgrauen Pelzmantel aus dem Auto, schob ihre schwarze Sonnenbrille behutsam vor die Augen und winkte strahlend zu ihrer Familie hoch, die bereits oben länger wartend am offenen Fenstern stand.

Ich lief zu unserer Wohnungstür und beobachtete neidisch durch den Briefkastenschlitz, wie sie alle zusammen die vielen Koffer und Taschen nach oben trugen.

Als dann Gittas Schwester des Öfteren mit unterschiedlichen älteren Herren in luxuriösen Limousinen zur Messe in unserer Straße vorfuhr, erzählten sich die Leute im Haus, dass sie als Prostituierte in Frankfurt am Main arbeiten würde.

Da ich nicht wusste, was eine Prostituierte ist, fragte ich Gitta, als was denn ihre Schwester im Westen arbeiten würde. Sie sagte mir, sie sei im weitesten Sinn eine Art Privatsekretärin in wechselnden Positionen.

Den älteren Bruder meines Vaters, Onkel Heinz, hatte ich bisher nie persönlich kennengelernt. Ich hatte nur die unterschiedlichsten Geschichten über ihn gehört. Meist waren das verkorkste, traurige Storys, die von tiefen Zerwürfnissen zwischen Vater und Sohn, seiner Flucht aus Ostdeutschland oder von seinen traumatischen Kriegserlebnissen handelten.

Heinz wurde 1921 in Leipzig geboren. Sein Vater Max, der Prokurist bei einer alteingesessenen Leipziger Maschinenfabrik war, hatte weder Zeit noch das geringste Interesse an seinem Sohn, eine unsichtbare Mauer stand zwischen ihnen, und niemand hatte eine plausible Erklärung, warum das so war. Man mutmaßte in der Familie, dass er einfach zu alt und kauzig war, um mit kleinen Kindern umzugehen. Er war ein eingefleischter Junggeselle, ging fast jeden Abend zum Kartenspielen in ein Restaurant und hatte erst mit Mitte vierzig geheiratet. Einige glaubten, diese späte Ehe war nur eine billige bürgerliche Fassade. Aber vielleicht war alles noch viel banaler: Heinz war einfach das falsche Kind am falschen Ort in der falschen Familie, das Schicksal hatte ihm nur einen bösen Streich gespielt.

So war die Ehe seiner Eltern ein lustloses, trauriges Schauspiel. Seine Mutter Linda, von Beruf Gesangslehrerin, verbrachte die meiste Zeit mit ihren Schülerinnen. Sie hing mit schwärmerischen Gedanken an ihrer Kindheit, trauerte ihrer unbeschwerten Jugendzeit und Studienjahren an der Leipziger Musikhochschule nach, erzählte immer wieder von den jungen, feinen Damen auf der höheren Töchterschule und beschrieb ausführlich die ausgelassenen fröhlichen Ausfahrten mit ihren Musikerkollegen.

Den Haushalt und die Erziehung ihrer beiden Söhne überließ sie liebend gern ihren zwei Hausmädchen.

Onkel Heinz verließ sehr früh sein Elternhaus und machte eine Kaufmannslehre in Weimar. Als der Krieg kam, wurde er an die Front nach Russland abkommandiert. Er war scheinbar mutig, verzweifelt oder kaltblütig genug, sich selbst ins linke Bein zu schießen, um als Kriegsverletzter zurück in die Heimat geschickt zu werden. Er erlebte das Kriegsende in Berlin und ging gleich danach nach Leipzig zurück. Dort etablierte er sich schnell als erfolgreicher Schwarzmarkthändler, trat der neu gegründeten Partei SED bei, hatte viele kurzzeitige Liebesaffären, heiratete für alle überraschend die kühle Gerdi und war auf einem guten Wege, Karriere in der sowjetischen Besatzungszone zu machen.

Vielleicht machten ihn seine profitablen Geschäfte übermütig, er panschte zu viel Wasser in den eh schon verdünnten Wodka, er fuhr plötzlich ein zu großes Auto, stapelte Stangen amerikanischer Zigaretten unbekannter Herkunft hinter der Kartoffelstiege im Keller, denn auf einmal musste er plötzlich Leipzig in Richtung amerikanischer Sektor verlassen.

Sporadisch schickte er dann Postkarten ohne Absender an seine Mutter (Oma Linda wohnte im selben Haus wie wir, ein Stockwerk über uns). Meist waren das bunte Stadtansichten von Städten wie München, Hamburg, Köln oder manchmal langweilige Ansichten wie von Hannover. Neben der Briefmarke kritzelte er meist in fetten, roten Lettern: Ost-Deutsche Besatzungszone oder Sowjetzone. Vater schrieb ihm zurück, er solle das doch bitte lassen, denn wie er ja aus eigener Erfahrung noch wissen musste, wurde bei uns im Osten alles und jedes kontrolliert, und irgendwann gäbe es dann für unsere Familie echte Probleme.

Dann kamen lange keine Nachrichten mehr.

Sechs Wochen vor Weihnachten schickte er dann ein schweres Paket mit vielen Zutaten für die Stollenbäckerei. Eine Packung Zitronat, Mandeln, drei Tüten Rosinen, Orangeat, vier Tafeln Schokolade, eine Packung Kakao und ein Pfund Kaffee.

Ich kann die Unkosten für diese Ostpakete von der Steuer absetzen, schrieb er später lapidar auf einer weiteren Weihnachtskarte, frohes Fest liebe Mutter und Familie.

Und quer am Rand der Karte war noch zu lesen: Vergesst nicht, mir zu Weihnachten auch eine Stolle zu schicken, denn ansonsten sende ich nächstes Jahr keine Zutaten mehr.

Als er dann später, nach vielen kleinen Gelegenheitsarbeiten, einen gut bezahlten Job als Verkäufer einer Möbelfirma fand und Wasserbetten in großem Stil verkaufte, sich ein Haus mit seiner Frau Gerti in der Nähe von Hameln mietete, kamen dann knallbunte Ansichtskarten aus Spanien, Italien und der Schweiz. Oma Linda, als Pensionärin, durfte ihn einmal im Jahr besuchen. Offiziell konnte sie vier Wochen bleiben, aber nach zwei bis drei Wochen kam sie meist wieder zurück. Wenn man sie nach ihrem Aufenthalt fragte, wurde sie still und weinte eine Weile so vor sich hin. Nein, nein, wie sie von ihrem eigenen Sohn behandelt wurde, das hatte sie nicht verdient, wiederholte sie unablässig. Es gehe ihm doch beruflich so gut, erzählte sie unter Tränen, er hätte sich nun im Westen eine sichere Existenz aufgebaut, das gemietete Haus ist hell und riesig groß, in allen Zimmern gäbe es eine Dampfheizung und auf der sonnenseitigen Terrasse steht sogar eine Hollywoodschaukel.

Gerdi hätte neuerdings einen kleinen Tabakladen, den sie allein führte.

Was sollte sie aber allein die ganze Woche in diesem großen Haus tun, berichtete Oma weiter. Wenn Heinz dann am Wochenende von seinen Verkaufstouren nach Hause zurückkam, würden sie ständig über die alten Zeiten reden, ich werde überhäuft mit schweren Vorwürfen, er bezeichnet mich als kalt und lieblos, ich hätte ihn nie gegenüber dem herzlosen Vater in Schutz genommen, es sei ihre alleinige Schuld, dass er so hart und lieblos geworden wäre, und wenn ich ihm sagte, dass ich ihn doch immer sehr lieb gehabt hätte und immer noch habe, hat er nur laut gelacht und wütend den Raum verlassen.

„Diesmal hat er aber an deinen Geburtstag gedacht, Klaus", sagte Oma Linda zu mir und überreichte mir als besonderes Geschenk einen Waschlappen mit einer aufgedruckten Micky Maus.

Thomas von nebenan bot mir im Treppenhaus einen fast neuwertigen silbernen Zündblättchen-Revolver zum Tausch an. Dafür wollte er meinen roten Ferrari-Rennwagen und mein einziges Micky-Maus-Heft haben. Da aber das Rennauto meinem Bruder und mir gemeinsam gehörte, konnte ich es nicht weggeben. Außerdem gab es im Osten keine passenden Zündblättchen-Rollen.

Vom Krieg erzählten meine Eltern wie auch die Großeltern nur ganz wenig. „Diese Zeit war einfach unvorstellbar schrecklich", sagten sie dann in einer abwehrenden Tonart, die jedes Nachfragen so gut wie unmöglich machte.

Man könne sich das heute glücklicherweise nicht mehr vorstellen, wie furchtbar das alles war, und am allerbesten sei es, man streiche diese Geschehnisse radikal aus dem Gedächtnis. Sie hätten überlebt, dafür solle man ewig dankbar sein, und vor allem uns Kindern solle es einmal besser gehen. Es habe keinen Sinn, gegen den Strom in der Gesellschaft zu schwimmen, das war ihr Fazit. Sie hätten am eigenen Leibe erlebt, wie aussichtslos jede Auflehnung gegen ein mächtiges, diktatorisches System war; denke dir deinen Teil und passe dich an, das war ihr Rezept für ein bescheidenes, glückliches Leben.

Ab und zu, wenn Opa Alfred ein Bier zu viel getrunken hatte, berichtete er aber doch vom Ersten Weltkrieg, den er als Soldat an der Westfront erlebt hatte. Er war bei der Infanterie Schütze gewesen, bewaffnet mit einem schweren MG. Wochen- und monatelang lagen er und seine Kameraden dem französischen Feind Auge in Auge gegenüber. In aufgeregten Bruchstücken schilderte er all das entsetzliche Gemetzel an der Frontlinie. Der sonst so stille Großvater erzählte das Unvergessene mit lautstarken Worten und ausladenden Gesten. Seine Nase fing an, feuerrot zu glühen, seine Augen funkelten wild, er erzählte immer mehr über grässliche Granateinschläge, über verwundete und tote Kameraden, über diesen elenden Schlamm, die Kälte, den Gestank, über Angst und gespenstischen Heldenmut, doch wie auf ein unbekanntes Stichwort hin stand Oma Hanna wie schon bekannt als mahnende Statue im Zimmer, hielt die Jacke von Großvater in der Hand, klopfte unüberhörbar zwei Mal mit dem Stock auf den Boden und sagte in scharfem Ton: „Alfred, Schluss jetzt damit, zieh deinen Mantel an, deine Gruselgeschichten will sowieso niemand hören!"

Eines Abends stand in unserem Wohnzimmer plötzlich ein nagelneuer Fernseher auf dem Schachtisch. Vater strahlte. Mutter putzte sofort die fettigen Fingerabdrücke von dem schwarzlackierten Holzgehäuse und flüsterte mir zu: „Vater hat wieder mal all seine Beziehungen spielen lassen, sonst hätten wir nie und nimmer ein Fernsehgerät bekommen."
Zu Anfang stellten wir eine kleine ausziehbare Zimmerantenne auf den Fernseher, damit wir vorerst das Ostprogramm empfangen konnten. Vater meinte, er habe bereits seine Fühler ausgestreckt und wisse, wer ihm eine ordentliche Antenne besorgen könne, damit wir ein astreines Westbild in die Stube bekämen. Wir wussten, auf der

anderen Straßenseite konnte man sogar das Zweite West-Programm sehen, also waren unsere Chancen auf ein gutes Bild nicht schlecht. Die erste Antenne montierten wir auf dem Dachboden, versteckt hinter einem Schornstein, denn die FDJ hatte kürzlich in einer landesweiten Aktion viele neue Westantennen von den Dächern heruntergeholt. In der Schule wurden wir von manchen Lehrern gefragt, ob die Fernsehuhr Pünktchen oder Linien hätte. Linien hatte die ARD-Westuhr und Pünktchen die Ostuhr von der „Aktuellen Kamera".
Die nächste, viel größere Antenne installierten wir dann ganz oben, draußen auf der Dachspitze. Wir hatten einige Dachziegel entfernt, und dann schoben wir ein sechs Meter langes Eisenrohr halsbrecherisch durch diese Lücke. Unter wagehalsigen Manövern schraubten wir dann die Antenne an und versuchten, sie in die beste Empfangsposition zu bringen. Ungesichert saß mein Bruder oben auf der Dachspitze und drehte den Mast ganz langsam in Richtung Westen, zur Brockenspitze des Harzes hin, wo ein mächtiger Sendemast das feindliche Programm ausstrahlte. Ich stand im Treppenhaus und übermittelte laut brüllend zu meinem Bruder aufs Dach hinauf die aktuelle Bildqualität vom Testbild ARD, die mir mein Vater vorher zugerufen hatte. „Besser, schlechter, noch schlechter, ganz weg, rauschen, ja wieder besser, gut, jetzt gestochen scharf, halt, festschrauben, wir haben die Position!", brüllten wir durchs ganze Haus.
Der Antennenbau, die Art des Verstärkers, der geografische Standort des Hauses, die Wetterlage, das alles war schon beinahe eine Geheimwissenschaft. Jeder hatte spezielle Erfahrungen mit seinem Antennenbau gemacht und in einer verschwiegenen, konspirativen Art und Weise tauschte man dieses Wissen aus. Die einen hatten das ARD-Programm nur im Winter in guter Quali-

tät, dafür aber das Zweite gestochen scharf im Sommer. Bei Regen gab es die berühmten welligen Schlieren, bei Tiefdruck wurde man fast verrückt durch dieses endlose oszillierende Rauschen des Tones, aber dabei war das Bild standhaft sichtbar. Manchmal war außer einem grafisch interessanten Grieselschnee überhaupt nichts zu sehen. Nervtötend waren auch die sogenannten Überreichweiten, wo in unterschiedlichen Wellenphasen das Bild wie im Nebel verschwand, dann aber ganz langsam gestochen scharf wieder zurückkehrte.

Alle wussten wir, Dresden war das Tal der Ahnungslosen, weil sie nicht einmal Westradio hören konnten, geschweige denn Westempfang hatten. Wenn man mit Dresdnern zu tun hatte, merkte man sofort ihre partielle ideologische Erblindung. Die Berliner waren am besten dran, denn die konnten mit einem einfach gebogenen Draht alle Sender störungsfrei empfangen.

Mein angestautes Nachdenken ist das mühsame Weben am Gebetsteppich meiner Erkenntnis.
Oft hänge ich in den öden Schlaufen meiner verworrenen Entwicklungsknoten und verliere aus Ungeduld den Faden meiner Überzeugungen.
Liegt das nur an meiner neuronalen Unorganisiertheit?
Oder folge ich nicht konsequent genug meiner genetischen Laufbahn?

Die Qualität des Westbildes war frühmorgens eine feste Gesprächsgröße in der Straßenbahn. Besonders dramatisch war es, wenn bei mehrteiligen Kriminalserien der letzte Teil ausgestrahlt wurde und Tiefdruckwetter herrschte. Jeder wollte nun am nächsten Morgen von denen, die ein Bild hatten, wissen, wer der Mörder war. Es konnte sogar vorkommen, dass Bekannte von der anderen Straßenseite klingelten und fragten, ob man Empfang hätte und man nicht den Schluss eines Mehrteilers zusammen ansehen könnte. Wahrscheinlich hatte der Westempfang sogar ungeahnte Auswirkungen auf die Arbeitsproduktivität. In diesem Sinn hatte die Partei sicher Recht mit ihrer These vom Klassenkampf auf ideologischem Gebiet.

So reckten sich Tausende von Westantennen wie stumme, gierige Finger in die Höhe und durchkämmten den östlichen Himmel nach dem verlorenen Teil der Wahrheit.

In dieser alltäglichen Fernsehstrahlung etablierte sich eine resistente Gegenwelt, an der alle gutgemeinten sozialistischen Parolen abprallten und sich eine medienverzerrte Illusion von der schönen bundesrepublikanischen Welt in die Osthirne einnistete.

Im Sommer des Jahres 1961 hatte mein Vater für die Flucht nach Westdeutschland alles vorbereitet. Eine Cousine hatte in Bayreuth bereits eine Arbeitsstelle besorgt, auch eine Wohnung war provisorisch angemietet worden. Doch aus unerfindlichen Gründen wollte mein Vater zuvor noch einmal vierzehn Tage mit der ganzen Familie Urlaub an der See verbringen.

Vielleicht wollte er diesen endgültigen Schritt noch ein wenig herauszögern, vielleicht hatte er einfach Angst vor dieser Flucht, Angst vor der Fremde, vor einem ungewissen Neubeginn und vielleicht wollte er seine Mutter in Leipzig nicht allein zurücklassen, und vielleicht wartete er auf das unglaubliche Wunder einer überraschenden, deutschen Wiedervereinigung.

Das Wunder geschah, nur in anderer Hinsicht. Im August wurde die Mauer dicht gemacht, es war zu spät, wir kamen nicht mehr legal aus dem Land heraus.

Jeden Sonntagvormittag Punkt zehn Uhr ging Oma Linda hinüber zur Uroma Kempe, die in der gegenüberliegenden Wohnung bei ihrer Tochter und ihrem Mann wohnte. Uroma Kempe saß gekrümmt am wärmenden Kachelofen, und dann hörten sie gemeinsam im Radio den Gottesdienst, der vom Deutschlandfunk ausgestrahlt wurde. Beide, leicht gehbehindert, waren auf diese Weise froh, über das Radio am Leben der christlichen Gemeinschaft teilhaben zu können und zumindest ihre gewohnte Predigt zu hören. „Gottes Wort ist grenzenlos", sagte Oma Linda stets bedeutungsvoll zu mir, „es dringt auch durch die innerdeutsche Mauer."
Wenn sie gegen halb zwölf zum Mittagessen zurückkam, brachte sie eine Tasse frischer Ziegenmilch mit, trank sie bedächtig aus, legte ihre Bibel in den Schrank und sprach ein stilles Gebet.

Unsere Nachbarn, Herr Piel mit seiner Frau, hatten einen riesigen Garten ganz in der Nähe, und ihre Ziege Micke hatten sie im Stall des alten Gutshofes untergebracht. Jeden Abend fuhr Herr Piel zum Stall, molk seine Ziege und gab ihr zu fressen. Herr Piel war Angestellter bei der evangelischen Kirche und hatte zusammen mit seiner Frau vier große Töchter, die alle aus dem Haus waren. Frau Piel sagte immer freundlich guten Tag, besprach mit Mutter die Treppenreinigung, ansonsten gab es kaum Kontakt.
Nur in der Adventszeit stellte Frau Piel jedes Jahr ihre stark riechenden Räucherkerzen ins Treppenhaus, und meine Eltern fanden dieses christliche Räucherwerk unerträglich. Mutter ging dann heimlich im Halbdunkel vor die Tür und löschte die glimmenden Räucherkerzchen.
Als einmal die Toilette von Familie Piel defekt war, kamen sie einige Abende hintereinander zu dritt zu uns rüber und gingen nacheinander auf unsere Toilette.

Sie standen ruhig auf unserem Korridor, lächelten verlegen, wenn jemand von uns aus der Tür kam, und dann verschwanden sie höflich „Auf Wiedersehen!" rufend leise durch die Wohnungstür.
Dummerweise hatte ich an einem dieser Tage eine kleine Glasflasche ins Becken fallen lassen und Vater musste spät am Abend das verstopfte Toilettenbecken reinigen.
„Bis zum Oberarm habe ich wegen dir in der Scheiße von unseren christlichen Nachbarn gesteckt!", schimpfte Vater.

Mein vier Jahre älterer Bruder war ein äußerst sparsamer und pedantischer Mensch.
Alles wurde penibel geordnet, der Riemen seines Kofferradios lag exakt im rechten Winkel um seine drei übereinandergestapelten Atlanten, und wie sehr ich mir auch Mühe gab, die Spuren einer unangemeldeten Radiobenutzung zu verwischen, er bemerkte es sofort. „Klaus", sagte er vorwurfsvoll, „du hast wieder mein Radio benutzt, ohne mich zu fragen."
Wenn wir beide aus einem West-Paket den begehrten Spearmint-Kaugummi zugeteilt bekamen, kaute er tagelang unablässig einen Streifen und legte jeden Abend die ausgeketschte, geschmacklose, harte Kaumasse auf sein Nachtschränkchen. Am nächsten Morgen nahm er den knochenharten, nach nichts mehr schmeckenden Gummi wieder in den Mund und kaute ihn sich mühsam wieder weich. Das machte er so lange, bis er entweder den Kaugummi verlor oder zu viele Speisereste eingekaut waren.
In seinem Nachttischkasten lagen manchmal bis zu zwanzig gehortete Packungen Kaugummi, und da ich meine Ration viel schneller verbrauchte, entwendete ich ihm manchmal aus einer schon geöffneten Packung einen Streifen.
Natürlich merkte er auch das und war wütend auf mich. Da aber

diese geklauten Kaugummistreifen so ekelhaft nach altem Holz schmeckten, keimte in mir eine boshafte Schadenfreude gegenüber meinem Bruder auf.

Ich wusste nun aus eigener Erfahrung: Geiz hat einen ekligholzigen Geschmack.

Am Sonntagmorgen frühstückte die gesamte Familie gemeinsam in der Stube. Mutter hatte den guten Westkaffee gekocht, es gab aufgebackene Brötchen, meistens für jeden ein gekochtes Ei, und nur an diesem einen Tag in der Woche stellte Vater die englische, bittere Apfelsinenmarmelade auf den Tisch, die mit zarten Schalenstückchen versetzt war. Ein weiterer Kriegskamerad von Vater schickte diese Spezialität aller zwei Monate aus Westberlin, weil er wusste, Vater mochte diese Marmelade besonders, und eine solche Delikatesse gab es natürlich nicht im Osten. Alle wussten, der Inhalt eines Marmeladenglases musste für zwei Monate reichen. Jeder durfte sich deshalb nur am Sonntagmorgen eine Brötchenhälfte hauchdünn mit dieser Marmelade bestreichen, Ausnahmen wurden nicht gestattet.

An einem dieser Sonntage kam unsere Nachbarin, Frau Kegler, wegen einer Kleinigkeit zu uns herüber und wurde natürlich mit zum Frühstück eingeladen. Wir waren gastfreundliche Menschen, Vater kochte manchmal große Mengen Rübensuppe oder süßsaure Flecke, so dass „völlig zufällig" die halbe Hausgemeinschaft auf einmal vorbeischaute.

So bekam Frau Kegler also einen Teller, ein Messer, eine Tasse guten Kaffees, und dann schnitt sie sich ein Brötchen auf. Wie selbstverständlich tunkte sie aber dreimal ihren kleinen Löffel ins englische Marmeladenglas hinein und schmierte sich eine extra dicke Schicht Marmelade auf die Butter.

Wir saßen fassungslos um den Tisch.

Vater sagte kein Wort, schraubte wortlos den Deckel wieder auf das Glas und brachte es in die Küche. Der Vormittag war gelaufen.

Den Samstagabendfilm der ARD durfte ich erst ab sechzehn Jahren sehen.

Ich versuchte mehrmals, eine längere Zeit durch den Türspalt den Anfang des Filmes mitzuschauen, doch nach einigen Minuten hörte ich immer irgendeine Stimme, die rief: „Klaus mach endlich die Tür zu und geh ins Bett."

Besonders enttäuscht war ich, als der Film „Die Vögel" von Hitchcock lief. Jeder war sichtlich gespannt, wie gruslig dieser Film wirklich war. Ich musste natürlich ins Bett, aber viele meiner Mitschüler durften ihn sehen und erzählten plastisch-ausmalend in der Schulpause die aufregendsten Details, und ich war richtig sauer.

Zumindest hatte ich die Catherina-Valente-Show gesehen. Mutter unterbrach dabei das Stricken ihres neuen Pullovers und sagte ehrfürchtig: „Diese tolle Frau ist Millionärin und kann dazu fünf Sprachen sprechen."

„Aber im Osten nützen uns diese vielen Sprachen auch nichts", war Vaters Kommentar.

Die frisch eingetroffenen Westpakete mussten immer bis zum Abend hingelegt werden, bis Vater von der Arbeit nach Hause kam und sie dann vorsichtig öffnete. Wir setzten uns alle zusammen um den großen Tisch in der Stube, und Vater begann mit einer stoischen Ruhe, die kleinen Knoten von dem Bindfaden aufzulösen, die um das Paket geschnürt waren. Dann fädelte er den Bindfaden auf, legte ihn in den Schuhkarton, wo schon die anderen

Knäuel lagen und machte das Papier behutsam ab. Jetzt wurde das Papier auf Kante zusammengelegt und der Inhalt des Paketes auf dem Tisch ausgebreitet.

Oben im Speiseschrank war ein extrahohes Regal für die speziellen Sachen von drüben eingerichtet, die bittere Sarotti-Schokolade kam zu Mutter ins Wäschefach unter die Bettlaken, und abends gab es für mich und meinen Bruder je ein Stück davon.

Meine Eltern schickten mich zur Christenlehre. Sie hielten zwar nichts von irgendwelcher Religion, aber man konnte ja nicht ganz ausschließen, dass es doch einen allwissenden, strafenden Gott im Himmel gab und schaden konnte es ja sowieso nicht, so war ihre Auffassung.

In der Schule erzählte ich nichts von meinen Bibelstunden, denn da wurde uns beigebracht, jede Religion wäre Opium fürs Volk, und nur rückständige, reaktionäre Menschen hingen an solchen uralten Märchen. Und wer wollte denn schon freiwillig zugeben, dass er rückständig sei und an etwas glauben würde, das es nicht zu beweisen gab.

Die wirkliche Geschichte der fortschrittlichen Welt beginne mit der marxistisch-leninistischen Revolution, lehrte man uns. Das Proletariat, mit seiner revolutionären Speerspitze der Partei, weise der gesamten Menschheit den Weg in eine glückliche Zukunft, und das Absterben des alten, bürgerlichen Systems sei nur noch eine Frage der Zeit. Der Imperialismus, die am weitesten entwickelte Form des Kapitalismus, befinde sich bereits im letzten Stadium ihrer Fäulnis.

Aber viele meiner Mitschüler waren mehr fasziniert von einem silbernen Mercedesstern, den sie in Windeseile von den Kühlerhauben der Edelkarossen abbrachen, und jede nagelneue Levi's Jeans mit echten Nieten überzeugte uns mehr als alle roten Manifeste.

So zog sich unscheinbar ein tiefer Riss durch unser Land.
Die einen wollten mit revolutionärer Attitüde, mit lautstarken Parolen und mit ihrem vorgeschobenen Hass auf alles Bürgerliche eine bessere und gerechtere Welt zwischen uniformierten Großplattensiedlungen errichten. In Wahrheit war aber diese Diktatur des Proletariats eine Melange aus kleinbürgerlicher Gesinnung und einem unerlösten Kriegstrauma, was mit marxistischen Theorien übertüncht wurde.

„Man kann doch nicht die geistigen Frühbeete einer jungen Republik mit ideologischem Beton zuschütten und dann erwarten, dass die Samenkörner reiche Frucht trugen", hatte ein Undergroundpoet an eine bröcklige Hauswand gepinselt.

Ein großer Teil der ostdeutschen Gesellschaft spürte von Anfang an diesen kollektiven Selbstbetrug. Man ahnte, dass diese übersteigerten Hoffnungen auf eine bessere Welt und allgemeinen Wohlstand nicht per sozialistischem Dekret einzulösen waren. Alle Deutschen waren vom faschistischen Virus bösartig infiziert worden, hatten zurecht diesen grässlichen Krieg verloren und wurden in den Nachkriegsjahren von der kollektiven Sehnsucht getragen, dieses elende Trauma abzuschütteln. Nun sollte in Ostdeutschland die braune Diktatur gegen eine rote Diktatur des verordneten Glücks eingetauscht werden. Westdeutschland brauchten die Amerikaner als Bollwerk gegen den Expansionsdrang der Sowjetunion, damit sich das kommunistische Virus nicht weiter in Europa ausbreiten konnte und sie verordneten unseren westdeutschen Brüdern und Schwestern ein schillerndes Wirtschaftswunder.

So waren die überzeugten kommunistischen Parteigenossen auf dem rechten Auge blind, und die Heerscharen der stillen Ostdeutschen Zweifler schielten neidisch in Richtung Westen und litten auf Dauer an materieller Kurzsichtigkeit.

Opa Alfred wurde im Herbst krank, und sein Gesicht verfärbte sich dunkelgelb wie eine fahle, untergehende Sonne. „Es ist die Leber, die seine Haut so färbt", mutmaßte Mutter. Einige Zeit später kam er ins Krankenhaus. Am dritten Tag zog er hastig seinen Bademantel nach der Visite über den Schlafanzug, bestellte sich per Telefon ein Taxi und fuhr unbemerkt nach Hause in die Lindenallee, wo seine Frau ihn überrascht in Empfang nahm. Er sei gekommen, um seine Sachen zu ordnen, sagte er aufgewühlt, „ich muss entscheiden, wer meine wenigen Habseligkeiten bekommt, denn ich komme nicht wieder zurück." Er drückte seine Frau, verabschiedete sich untere Tränen und fuhr wieder zurück ins Krankenhaus.

Zwei Tage später war er tot.

Mein Bruder bekam seinen goldenen Ring und übernahm die Karteikästen mit allen Pferderenntabellen, außerdem bezog er nach der Beerdigung das leere Zimmer in Omas Wohnung, damit sie jetzt nicht so einsam war.

Nach der Trauerfeier sagte Oma Hanna schluchzend zu Mutter: „Nicht ein einziger Genosse hat sich auf dem Friedhof sehen lassen, er hat doch sein halbes Leben der Partei gewidmet, sie haben meinen Alfred einfach vergessen."

Zur Leipziger Messe füllte sich die graue Stadt mit farbigen, schillernden Limousinen, ein Gewirr ausländisch sprechender Personen bevölkerte mit einem Mal die Straßen, und man stellte vor die wenigen Gaststätten in der Innenstadt zusätzliche Tische und Stühle. Aus der ganzen DDR angereiste Putzkolonnen säuberten die verdreckten Straßen, die unteren Stockwerke halb verfallener Häuserzeilen wurden eilig mit hellen Farben übertüncht, damit die SED-Regierungsdelegationen aus Berlin bei ihrer Fahrt zum Messegelände die Fortschritte ihrer siegreichen, sozialistischen Politik

bestaunen konnten. Und wie immer standen in den besseren Hotels auf den weiß eingedeckten Tischen kleine Schilder mit der Aufschrift: „Reserviert für Gäste mit konvertierbarer Währung."
Jeder clevere Leipziger versuchte, seine Zimmer für Gäste mit harter Währung zu vermieten, grell geschminkte junge Frauen mit sächsischem Akzent gingen mit weltmännisch blickenden Herren eingehenkelt in den Intershop und kamen hinterher mit prall gefüllten Plastiktüten heraus. Politstudenten bewachten auf den Messeparkplätzen die Autos der kapitalistischen Ausbeuter, und vor den Toilettenbuden begrüßten rüstige Rentner den Klassenfeind mit Handschlag und hofften auf ein gutes Trinkgeld.

Versunken die Welt,
der ICH-Magnet surrt im Gebälk.
Worte schwerer als Zungenlaut,
das kulturelle Gedächtnis hat mir den Weg verbaut.

Bewach mich doch nicht so streng, du anderer Mensch in mir.
Ja du, der du auch einer von meinen Welten bist.
Der nette Angepasste, der immer achtgibt, auf die Horden wilder Menschen in mir.
Ein Freud-Polizist, ein jungscher Angsthase,
ein starker Adler im Orgon-Reich.

Mit vierzehn Jahren und Personalausweis durfte ich zum ersten Mal das Messegelände besuchen. Wie ein geblendeter Fischer angelte ich mir jeden bunten Werbeprospekt, klaute einen Continental-Aschenbecher mit Reifenprofil, erkämpfte ein BASF-Tonband, wartete fast eine Stunde, ehe ein BMW-Vertreter einen

Stapel Prospekte in die Menge warf und ich mit Mühe einen erwischte, und schließlich bekam ich von einer französischen Arbeitsschutzfirma zwei Ohrstöpsel geschenkt, die ich mir sofort auf der Rückfahrt mit der Straßenbahn in die Ohren steckte und dann das Gefühl hatte, in einer stillen Parallelwelt zu existieren.

Der Bruder meiner Mutter, Onkel Horst, kam oft während der Messe zu uns. Er war Genosse, linientreu, 1,90 Meter groß und roch ein wenig nach Desinfektionslösung. Er sagte uns, dass er Beauftragter für internationale Handelsfragen in der DDR-Botschaft von Dänemark sei, wobei Mutter meinte, das käme ihr alles nicht geheuer vor, der habe sicher was mit der Stasi zu tun. An seinem eleganten Anzug steckte stets das kleine, ovale Parteiabzeichen, und in seiner Aktentasche lag immer die neueste Ausgabe der Parteizeitung „Neues Deutschland", worin alle wichtigen Artikel mit drei verschiedenen Farben unterstrichen waren.

Meist war er müde, wenn er nach all seinen Gesprächen auf dem Messegelände bei uns auf unserem Sofa saß. Minutenlang hielt er einschläfernde Monologe über das dekadente Leben im kapitalistischen Ausland. Er beklagte sich über die unsäglich hohen Preise bei den dänischen Friseuren und dass er jetzt schon elf Jahre auf seinen Wartburg Tourist wartete, und insgesamt sei das Leben mit diesem ständigen Hin und Her auch nicht einfach.

Aber seine beiden Kinder gingen aufs Internat in der Nähe von Berlin, und besonders stolz war er, dass seine Tochter Rita einen Studienplatz in Moskau erhalten hatte, um Atomphysik zu studieren.

„Im Kampf der Systeme wird dasjenige System gewinnen, was wirtschaftlich das Stärkere ist, und deshalb brauchen wir kluge Köpfe!", wiederholte er theatralisch mit ausgebreiteten Armen.

Eines Morgens, ich lag halbwach im Bett, hörte ich aufgeregte Stimmen aus dem Treppenhaus. Mutter kam ins Kinderzimmer hereingestürzt, starrte mich entsetzt an und sagte: „Die Russen sind in der Tschechei einmarschiert, hoffentlich gibt's jetzt keinen Krieg."

Die Firma, in der mein Vater arbeitete, stellte Tomatenketchup und Eierkuchenmehl her. Der Besitzer, Herr Menzhausen, war ein stämmiger Mann Anfang sechzig. Er war früher Boxer gewesen, war von untersetzter, kräftiger Statur und bekam manchmal aus unerklärlichen Gründen cholerische Anfälle. Seit Längerem war er verwitwet und heiratete zur Verwunderung der gesamten Belegschaft seine dreißig Jahre jüngere Pflegetochter. Allen war klar, das war keine Liebesehe, hier ging es knallhart ums Erbe, und niemand wollte sich vorstellen, was die beiden im Ehebett veranstalteten. Man wollte ja nicht neidisch sein, aber wie man es drehte und wendete, Sabine war nun Frau Menzhausen, die neue Chefin. Vater wurde zum stellvertretenden Betriebsleiter ernannt und saß im Büro gleich neben Herrn Menzhausen und seiner neuen Frau. Am Wochenende durfte er manchmal das Firmenauto mitbringen, einen klapprigen Wartburg Caddy mit überdachter Ladefläche.
Anfang der siebziger Jahre wurden nach offiziellem Parteibeschluss die wenigen privaten oder noch halbstaatlichen Firmen enteignet, so verlor auch Herr Menzhausen seine Firma. Er durfte zwar im neu benannten VEB EIKET (nach den Produkten *Ei*erkuchenmehl und *Ket*chup) als kommissarischer Leiter bleiben, aber tief in seinem Inneren sah er sich seines Lebenswerkes beraubt. Er lief immer häufiger planlos durchs Lager, schüttelte ununterbrochen seinen Kopf, schaute minutenlang in unbedeutende Lagerecken und führte murmelnde Selbstgespräche.

Schließlich wurde er schwer krank und zog sich nach seiner Genesung verbittert aus seiner alten Firma zurück.

Vater bekam von der Kombinatsleitung Obst- und Gemüseverarbeitung das Angebot, den Betrieb zu leiten, und willigte nach kurzer Bedenkzeit ein.

„Obwohl ich kein Genosse bin, hat die Kombinatsleitung mich zuerst gefragt", lächelte er stolz.

In den Ferien arbeitete ich jahrelang für drei Wochen in der Produktion, um mir etwas Geld dazu zu verdienen. Davon kaufte ich mir dann ein Kofferradio für zweihundertvierzig Mark, eine Dreigangschaltung fürs Fahrrad und eine neue Winterjacke. Täglich schaufelte ich fertig zusammengerührtes Eierkuchenmehl in kleine Papiertüten, ich packte fünfzig zugeklebte Beutel in braune Kartons, oder ich belud Container der Deutschen Reichsbahn mit Siebeneinhalb-Kilogramm-Großpackungen Eierkuchenmehl, die für Betriebsküchen in der DDR gedacht waren.

Einmal musste ich Kisten von reklamierten Ketchup-Flaschen reinigen, bei denen der Inhalt völlig vergoren war.

„Es liegt an diesem verdorbenen, rumänischen Tomatenmark", erklärte mein Vater. „Das gute Tomatenmark wird natürlich wegen der Devisen in den Westen exportiert, und wir bekommen laut Plan den halbverfaulten Dreck", sagte er wütend.

Ich entkorkte drei Tage lang hunderte zurückgegangener Flaschen im Waschraum. Zuerst spritzte eine Ladung des vergorenen Tomatenketchups wie ein Silvesterfeuerwerk heftig aus der Flasche, dann blubberte der restliche Inhalt gemächlich wie stinkende, überkochende Suppe ins gekachelte Waschbecken.

„Zumindest haben wir so die Flaschen gerettet", freute sich Vater, „das kann ich der Kombinatsleitung als kleinen Erfolg melden", freute er sich und wischte mir die vielen dunkelroten Spritzer von der Brille.

Tante Gerdi traute sich nach ihrer Flucht, Ende der fünfziger Jahre, zum ersten Mal wieder in ihre alte Heimatstadt Leipzig zurück. Sie kam mit einem speziellen Messevisum im Zug aus Hannover, und unsere ganze Familie erwartete sie am Bahnhof.
Sie stand ganz weit hinten am Gleis. Sie wirkte etwas verlassen neben ihren großen Reisetaschen, winkte uns bereits von Weitem sichtbar ärgerlich heran, und das Erste, was sie von sich gab, als sie uns kurz begrüßt hatte, war eine Tirade von Ärgernissen: „Wie schrecklich das alles in diesem Land ist, diese lange unbequeme Reise in den klapprigen, schlecht beheizten Waggons, diese unfreundlichen Zollbeamten, dieser Dreck, überall diese Ruinen, wie schlimm ist das alles, es hat sich ja nicht geändert, seitdem wir weggegangen sind!"
Wir hatten von Anfang an das Gefühl, uns für alles entschuldigen zu müssen, und standen uns peinlich berührt gegenüber. Vater nahm sich ein Herz, hakte Tante Gerdi entschlossen unter seinen Arm ein und sagte: „Nun komm doch erst mal mit zu uns nach Hause, da ist es schön gemütlich."
Vater und Mutter hatten durch ihre ganzen Beziehungen ansonsten kaum lieferbare Delikatessen besorgt. Zarten Lachschinken, Spargel, süße Sahne, das gute Köstritzer Exportbier, Halberstädter Würstchen und eine Flasche Krimsekt.
Mutter hatte natürlich die gesamte Wohnung saubergemacht, die Fenster geputzt, und das Messingtürschild glänzte wie neu an der Eingangstür.
Tante Gerdi saß die ganze Zeit wie eine unnahbare Diva auf dem Sofa und erzählte nur von sich und ihrem eigenen Leben. Ab und

zu hielt sie in ihren endlosen Monologen inne, schaute mich und meinen Bruder an und sagte: „Mein Gott, wie groß diese Kinder geworden sind."

Dann drehte sie sich abrupt um und sagte schrill: „Wir können uns zwar viel mehr leisten als ihr, aber das Geld liegt im Westen auch nicht auf der Straße."

Am nächsten Tag, nachdem sie ihr Geburtshaus aufgesucht, einen Blick auf ihrer alte Schule geworfen hatte und natürlich wieder alles furchtbar und schrecklich fand, fuhren wir gemeinsam zum Intershop auf das Messegelände. Wir stellten uns an die lange Schlange an. Endlich waren wir an der Reihe, und jetzt schien sie richtig in ihrem Element zu sein. Souverän dirigierte sie mit ihrem grauen Kunstpelzmantel die Verkäuferin von Regal zu Regal, machte kurze Preisanalysen, ließ einige Sachen wegen kleiner Beschädigungen zurückgehen und kratzte bei einigen Kartons sofort mit ihren spitzen Fingernägeln das Preisschild ab, während Vater unterdessen emsig die vielen Sachen in weiße Plastikbeutel verstaute.

Zu Hause angekommen, baute Tante Gerdi kleine Türme aus Erdnussdosen auf, stapelte Nutellagläser übereinander, gruppierte Graninisaft-Flaschen mit Pril-Spülmittel hinter Jacobs Kaffee, und die nach Parfüm riechenden Persilkartons standen wie wertvolle Kunstgegenstände aufgebaut vor dem Fernseher. Dann überprüfte Tante Gerdi anhand ihrer Rechnung, ob auch alles stimmte, denn betrügen ließ sie sich von niemandem. Weder im Westen noch hier im Osten.

„Das erzähle mal deinem lieben, vergeizten Bruder Heinz bitte nicht, mein lieber Kurt, was ich hier alles eingekauft habe", verkündete sie in einem arroganten Ton, „das alles hier spendiere ich von meinem privaten Geld."

Ein Jahr später kam überraschenderweise Onkel Heinz zusammen mit seiner heimlichen Freundin zur Messe auf Besuch. Vater wusste als Einziger von dieser besonderen Aktion. Seine Freundin hieß Beate, war Sekretärin bei einer Dortmunder Brauerei und kennengelernt hatten sie sich auf einer Möbelmesse, wo Onkel Heinz ihr das neueste Wasserbettenmodell vorführte. Ihr Verhältnis dauerte schon ein paar Jahre, erzählte Vater hinterher.

Mutter zog ihre Schultern hoch und meinte: „Na ja, ich weiß nicht, ob das lange gut geht."

„Heinz lässt sich nur wegen des Geldes nicht scheiden, so ist mein Bruder, wie er leibt und lebt", meinte Vater. „Geld ist das Einzige, was ihn wirklich interessiert."

Geld, Geld, Geld, so schlimm ist er erst im Westen geworden.

Wie dem auch sei, Onkel Heinz durfte mit seiner Freundin im Doppelbett meiner Eltern schlafen. Vater und Mutter bauten sich das wacklige Sofa in der Stube für die Nacht um.

Am besten im Osten fand Onkel Heinz die knackigen Brötchen zum Frühstück.

Ansonsten wollte er mit diesem kommunistischen Scheißsystem nichts mehr zu tun haben, brummte er unheilvoll, und Vater sollte endlich das Rezept seines Tomatenketchups nach drüben verkaufen. „So wirst du reich, mein Lieber", verkündete er.

Unsere Autos bezeichnete er als bessere Gehhilfen, und wenn er könnte, würde er uns einen alten gebrauchten Mercedes schenken. Aber das ging ja nicht, Gott sei Dank.

Schließlich versprach er, dass er nach dem Ableben seiner Mutter Linda, die Hälfte der Beerdigungskosten eins zu eins in Westmark seinem Bruder überweisen würde.

Aber Oma Linda lebte nicht so schnell ab. Mit achtundachtzig Jahren gab sie noch manchmal Gesangunterricht, täglich machte sie ominöse Atemübungen auf dem Balkon, trank eine Tasse guten Westkaffees zum Frühstück, und nach ihrer täglichen, zweistündigen Mittagsruhe (die sie selbst bei Fliegeralarm während des Krieges einhielt) rubbelte sie ihren faltigen Körper mit einem harten Naturschwamm in der Küche neben dem Ausguss ab. Das belebt den Kreislauf und hält jung, hieß eine dieser Grundregeln, die sie schon auf der Höheren Töchterschule um 1896 eingebläut bekommen hatte.

Pünktlich auf die Sekunde saß sie um zwanzig Uhr vorm Fernseher zu den neuesten Nachrichten der Tagesschau, dann schaute sie sich irgendeine Sendung bis zehn Uhr an, stand schließlich schwerfällig atmend auf, schlurfte schnaufend in die Küche und trank ihren geliebten Doppelkorn als Medizin für einen ruhigen, gesunden Schlaf.

Mit einundneunzig Jahren kam sie ins Pflegeheim, weil ihre Beine versagten und Mutter nach siebenundzwanzig Jahren spannungsvollem Zusammenleben die Pflege nicht übernehmen wollte. Vater besuchte Oma Linda dreimal die Woche im Heim, packte jedes Mal einen Korb nach ihren speziellen Wünschen zusammen, saß eine halbe Stunde am Bett und durfte vor allen Dingen den Korn für die Nacht nicht vergessen.

Als Oma Linda im Alter von siebenundneunzig Jahren starb, konnte Onkel Heinz aus beruflichen Gründen natürlich nicht zur Trauerfeier kommen. Er schrieb eine kurze Beileidskarte mit der Notiz, dass er umgehend seine alte Spielzeugeisenbahn wiederhaben wollte und legte Vater hundert Westmark bei.

Er hatte den Betrag der gesamten Kosten für die Bestattung von tausend Ostmark halbiert und dann seinen Westanteil in das normale Tauschverhältnis eins zu fünf umgerechnet.

„Vater solle doch bitte die hundert West in fünfhundert Ost umtauschen", schrieb er dazu, „somit wäre sein Anteil beglichen."

Unseren Familienurlaub verbrachten wir sehr häufig an der Ostseeküste in einem FDGB-Heim. Dieses Privileg verdankten wir Vaters Engagement als ehrenamtlicher Gewerkschaftsvertreter mit dem Spezialgebiet Ferienplätze und Eingaben.
Wir fuhren immer mit dem Nachtzug im Liegewagen nach Stralsund.
Wenn wir unsere Koffer im Abteil verstaut hatten, gingen mein Vater, mein Bruder und ich nach vorn bis zur Dampflok. Voll stiller Bewunderung betrachteten wir diese mächtige zischende und schnaubende Maschine, die uns zur fernen Ostsee bringen würde. Wir beobachteten den Heizer, wie er die Kohlen mit seiner Schippe ins Feuerloch schaufelte, Vater las ehrfürchtig wie eine Stelle aus der Heiligen Schrift die Nummer, die außen an der Lokomotive angebracht war vor und erklärte uns jedes Mal, dass die Nummer 001 die Bezeichnung für eine Schnellzuglok war.
Wir winkten zum Schluss dem schwarz gekleideten Lokführer zu, der sich entspannt über die kleine Tür gelehnt hatte und in Richtung Signalmast schaute. Dann gingen wir zu unserem Wagen zurück.
Mutter fuchtelte schon von Weitem sichtbar mit ihren Armen aus dem Abteilfenster, wir sollten endlich einsteigen, rief sie aufgeregt, sie hätte sich bereits Sorgen um uns gemacht.
Vater grinste uns an und sagte: „Das ist eure Mutter, immer macht sie sich Sorgen, wo es doch gar keinen Grund zur Sorge gibt, das wird sich wohl nie ändern."
Bis hinter Stendal spielten wir Skat im Abteil, dann klappten wir die Liegen auf und schliefen bis Grimmen.
Im FDGB-Heim hatten wir meistens zwei Doppelzimmer mit Vollverpflegung. Nach dem Frühstück gingen wir an den Strand, dann gab es Mittagessen im Ferienheim an unserem reservier-

ten Tisch. Danach spazierten wir wieder an den Strand bis zum Abendbrot. Wir spielten manchmal mit dem Ball, schwammen in der Ostsee und füllten Kreuzworträtsel aus der Wochenpost oder der NBI.

Einmal machten wir einen Ausflug nach Saßnitz, von wo aus die Fähre Trelleborg hinüber nach Schweden fuhr. Wir wollten gern dieses große Schiff einmal in natura sehen, in das ein ganzer Zug und viele Autos hineinpassten. Aber leider war das ganze Hafengelände mit einem hohen Holzzaun abgesperrt, alle zwanzig Meter war zudem ein Schild mit der Aufschrift: „Betreten verboten – militärisches Sperrgebiet –", angebracht.

Endlich fanden wir eine kleine Lücke im Zaun, durch die man auf den Hafen schauen konnte. Mehrere Leute warteten schon davor, um einen kurzen Blick hindurchwerfen zu können. Und dann sahen wir die Fähre am Kai liegen, das Heck war hochgeklappt, und wie kleine Perlen an einer Kette fädelten sich die Autos in das Innere der Fähre hinein.

„Was muss das für ein unbeschreibliches Gefühl sein, mit einem solchen Schiff hinaus aufs offene Meer fahren zu dürfen", dachte ich bei mir.

Im Sommer des Jahres 1968 wurde ich offiziell durch meine sozialistische Jugendweihe in die Reihen der Erwachsenen aufgenommen.

Meine Mitschüler und ich wären die erste Bewusstseinssaat eines neuen, sozialistischen Deutschlands, verkündete uns der Direktor ehrfürchtig, „und wir hoffen, dass diese Saat in einer friedlichen Welt aufblühen kann." Wir hätten starke und große Freunde überall auf dieser Welt, referierte er weiter, Freunde wie die mächtige Sowjetunion, Polen, die Tschechoslowakei, die Mongolei, Kuba und Mosambik. Auf uns lägen die gesamten Hoffnungen für eine neue Zeit, endete er bewegt seine Ansprache.

Wir erhielten alle das Buch „Weltall, Erde, Mensch", dazu eine Urkunde, aber vor allem freuten wir uns auf die Feier am Abend, bei der wir zum ersten Mal offiziell Alkohol trinken durften. Unser ganzes Haus beglückwünschte mich, die Frauen überreichten mir meist eine dieser nichtssagenden Karten mit einem Geldschein drin, die Männer grinsten mich komisch an, klopften mir anerkennend auf die Schulter und nahmen mich symbolisch in ihre Reihen auf, indem ich mit jedem von ihnen Schnaps, Wein, Likör oder Bier trinken durfte.

Gegen zweiundzwanzig Uhr war ich so betrunken, dass ich mit der bloßen Faust einige Fenstergläser im Treppenhaus durchschlug und mir kräftig in die Hand schnitt. Großmutter wickelte mir ein Taschentuch um die Wunde und forderte mich auf, sofort ins Bett zu gehen. Dort griff ich mir aus einer Schale mehrere Mandarinen und klatschte sie mit ganzer Wucht an die Zimmerwand mit Blümchentapete. Dann schlief ich endlich ein, wachte aber gegen drei Uhr morgens auf und kotzte mehrere Haufen aus dem Bett. Mutter kam entsetzt mit der Kehrichtschaufel angerannt, schüttelte besorgt ihren Kopf und entsorgte meine Häufchen im Klo. Am nächsten Tag konnte ich nicht aufstehen, sah kreidebleich aus und Mutter kochte mir am Nachmittag eine Haferflockensuppe und eine große Kanne Kamillentee.

Das Jahr darauf, am Palmsonntag, den 30. März, wurde ich bei strahlendem Sonnenschein in der Schönefelder Gedächtniskirche konfirmiert. Mein Konfirmationsspruch lautete: „Halt im Gedächtnis Jesum Christum." Meine Eltern hatten kein Interesse, zu dieser Feier in die Kirche zu kommen. Sie hätten nun mal keine

Beziehung zum christlichen Glauben, meinten sie, alles, was sie besaßen, mussten sie sich ohne Gottes Hilfe erarbeiten, aber wenn ich nun diesen Schritt machen wollte, wäre das in Ordnung.
Am Abend blätterte ich im Bett in meiner neuen Bibel und beschloss voller Trotz, Pfarrer zu werden.
Dienstagabends war der Treffpunkt für uns Jugendliche und frisch Konfirmierten im Gemeindehaus. Wir sangen christliche Lieder aus gelben und blauen Heftchen, diskutierten intensiv über den Sinn unserer Existenz, ob es ein Weiterleben nach dem Tod gab und warum Gott auch die Marxisten als einen Teil der Schöpfung lieben musste. Wir diskutierten stundenlang darüber, ob es nicht sinnvoll wäre, in die Partei einzutreten, damit man aus dieser Machtposition heraus etwas im Staat verändern könnte. Die einen meinten, das wäre Verrat, Betrug an sich selbst, wenn man doch an eine andere Philosophie tief im Herzen glaubte.
Die anderen waren der Meinung, überall auf der Welt müsste man Kompromisse eingehen, denn von der blanken Theorie her, war das sozialistische System eigentlich gut, nur die Menschen passten nicht dazu.
Mir gefiel es in einer von Gott gelenkten Welt viel besser, auf der es eine metaphysische Erklärung für unsere Existenz gab. Mich faszinierten die Bergpredigt und die Schöpfungsgeschichte mehr als die evolutionäre Verkettung von Atomen nach nüchternen, materialistischen Gesetzmäßigkeiten. Ich spürte, dass die Suche nach dem ewig Göttlichen, das Forschen nach kosmischen Dimensionen meiner Seele, meiner Person viel mehr entsprach, als all das, was ich im Staatsbürgerkundeunterricht vermittelt bekam, was auf vielen Transparenten an grauen Hauswänden zu lesen stand oder was mir die Eltern und Großeltern als ihre gültigen Lebensweisheiten vermitteln wollten.

In den großen Ferien fuhren wir mit anderen Jugendlichen aus unserer Partnergemeinde aus Osnabrück in die ČSSR zum Campen. Alle wollten wir natürlich einen Westfreund oder eine Westfreundin abbekommen. Ein Brieffreund oder -freundin wäre natürlich auch gegangen. Die konnten uns vielleicht mal eine Platte der Stones schicken oder abgetrennte Seiten aus der „Bravo", damit wir endlich mal die Namen von den Beatgruppen richtig buchstabieren konnten.
Wir fuhren immer vorn im VW-Bus und legten die Kassetten ein, die lose im Handschuhfach herumlagen. Wir kreischten die Texte der Doors mit, obwohl wir kein Wort davon verstanden.
Die Jugendlichen von drüben fanden unser Leben im Osten irgendwie cool und spannend. Wir dagegen fühlten uns eingesperrt. Sie fanden es toll, dass wir mit sechzehn Jahren bereits Moped fahren durften und die Wohnungsmiete nur achtundvierzig Mark betrug. Wir beneideten sie, dass sie in die ganze Welt reisen durften und Konzerte der Stones live sehen konnten.
Am schlimmsten war jedes Mal der Abschied für uns, denn wir wussten, die Mauer war auf unserer Seite.

Im Park beobachtete ich, wie sich Gitti mit einem Jungen aus der zehnten Klasse küsste.
Eigentlich dachte ich, dass sie meine Freundin wäre, dass wir für ein gemeinsames Leben bestimmt waren, aber das schien sich für Gitti nur auf unsere Vergangenheit, auf das Spielen im Kinderzimmer, zu beziehen und nicht auf eine richtige große Liebe mit Küssen und Anfassen.

Samstagabend nach dem Spielfilm der ARD, so gegen halb zwölf, holte Vater manchmal eine Flasche Wein aus dem Kühlschrank und legte seine Lieblingsschallplatten auf. Mein Bruder hatte von der NDR-2-Hitparade die besten Titel mit seinem Tonband aufgenommen, und dann hörten wir abwechselnd Benny Goodman, Glenn Miller, das Orchester Kurt Edelhagen und gedämpfte Beatmusik.

Vater saß im Sessel, wippte leicht beschwipst seinen ganzen Körper im Takt der Musik, goss uns allen neuen Wein in die Gläser und betonte immer wieder, was wir doch für eine tolle Familie wären. Mutter winkte meist verlegen mit der Hand ab, ihre Augen liefen voller Tränen, und dann schluchzte sie: „Ach, Kurti, du mit deiner tollen Familie, wer's glaubt, wird selig", stand auf und ging mit einem vollgeheulten Taschentuch vor der Nase ins Bett.

Mein Zeugnis in der letzten Klasse der polytechnischen Oberschule war nicht gut genug, um auf die erweiterte Oberschule gehen zu können und dort Abitur zu machen. In Beratungsgesprächen in der Schule versuchten sie, jeden Jungen aus der zehnten Klasse zu überzeugen, den Beruf des Baufacharbeiters zu ergreifen. Die DDR musste laut Parteidirektive das architektonische Erbe der bürgerlichen Gesellschaft auf schnellstem Wege abschütteln und als Zeichen ihrer ideologischen und materiellen Überlegenheit prachtvolle Neubaublocks mit Dampfheizung und warmem, fließendem Wasser ihren Arbeitern und Bauern zu Verfügung stellen.

Dazu brauchte man eben viele junge Baufacharbeiter.

Ich besuchte aber bereits die Abendakademie der Hochschule für Grafik und Buchkunst, belegte dort mehrere Malerei- und Zeichenkurse, fühlte mich zur Kunst hingezogen und alle sagten mir immer, dass ich zeichnerisch begabt sei.

Deshalb hatte ich nicht die geringste Lust, mein Leben auf dem Bau zu verbringen.

Mit einigem Aufwand besorgten wir von einem befreundeten Arzt ein Attest, das mir bestätigte, ich hätte nicht die körperlich robuste Verfassung für eine anstrengende Tätigkeit als Baufacharbeiter.
So lernte ich den Beruf des Offsetretuscheurs.

In der jungen Gemeinde lernte ich meine erste Freundin kennen. Sie war richtig intelligent und machte Abitur. Ihr Vater war Ingenieur, die Mutter hatte auch studiert. Außerdem waren ihre Eltern Mitglieder im Leipziger Jazzclub. Sie hatten einen Wartburg Tourist, besaßen hochmoderne Abfahrtsski und in der Stube stand eine beachtliche Regalwand mit Büchern von lauter berühmten Autoren, deren Namen ich noch nie gehört hatte.
Hemingway, Sartre, Salinger, Böll, Marquez oder Neruda.
Steffis Vater konnte die idealistische Verirrung seiner Tochter nicht begreifen, doch für ihn war es ein Akt normaler Toleranz, den christlich angehauchten Freund seiner Tochter freundlich zu respektieren. Er schenkte mir sogar eine alte, schwarze Armee-Kutte eines Jazzfreundes aus Westberlin, in die ich mir mühsam einen dunkelgrünen Anorak des VEB Bekleidungskombinates Weimar per Hand einnähte, damit ich im Winter nicht so fror.
Wir begegneten uns manchmal in der Schwimmhalle, und unter der Dusche erzählte ich ihm, dass ich ein Radiokonzert auf NDR 2 von Al Jarreau aufgenommen hätte.
Ja, er kenne ihn, sagte er mir, aber er stehe mehr auf Albert Mangelsdorf.

Meine Haare waren lang, ich war verliebt und mittlerweile Facharbeiter für Reprotechnik. Der Betrieb, in dem ich jetzt arbeitete, war eine Kunstdruckerei, die die meisten Bücher für den Westexport druckten, unter anderem aufwendige Kunstbände mit Repro-

duktionen aus Dresdner Museen, edle Nachdrucke antiquarischer Raritäten in zwölf Farben wie Sibylle Merians „Birds of America" oder alte Landkartennachdrucke, wie beispielsweise Europa im sechzehnten Jahrhundert.
Das Problem war nur, für mich hatten sie keine richtige Arbeit.
So saß ich acht Stunden an meinem Lichttisch und tat so, als hätte ich etwas zu tun und verdiente dreihundertzwanzig Mark im Monat.
In Vaters Betrieb konnte ich als Lagerarbeiter fünfzig Mark mehr verdienen.
Also wechselte ich kurzerhand, um nicht an Langeweile an meinem Leuchttisch zu verenden.

Am Bahnsteig 1 des Leipziger Hauptbahnhofes standen Gruppen junger Männer mit kurzen Haaren, alle hatten schwarze Halbschuhe an den Füßen, in der Hand hielten sie eine schwarze Ledertasche und warteten auf ihren Zug.
Ich stand am Rand und fühlte mich elend.
Der einfahrende Zug war ein Sonderzug der NVA, der uns nach Eisenach in die Kaserne zur Grenzsoldatenausbildung befördern sollte.
Ich fuhr mir mit der Hand über meinen kurzgeschnittenen Hinterkopf und sagte mir still in Gedanken eine Zahl mehrfach auf: 447. Das war die Anzahl an Tagen, die ich nun bei der Armee verbringen musste.
Nach einem halben Jahr Grundausbildung wurde ich zu einer Grenzkompanie nach Thüringen in die Nähe von Gerstungen abkommandiert. Ich hatte ganz gut das erste halbe Jahr Grundausbildung hinter mich gebracht, der tägliche Politunterricht, die Trennung von meinen Freunden und meiner Familie ließen

mich sogar langsam zu der Überzeugung kommen, dass ich auf der richtigen Seite der Grenze stand. Ich wollte und musste meinen Beitrag leisten, damit dieses kleine DDR-Experiment noch ein wenig wachsen und gedeihen konnte. Mein Wille zum Gehorsam war geweckt, wir waren die Sieger der Geschichte, begann ich zu glauben, wir mussten die Nahtstelle der beiden feindlichen Weltsysteme sichern und dabei äußerst wachsam sein, denn der Klassenfeind schläft nicht und wartet nur auf unsere Schwächen. Sicherheitshalber war der Kanalwähler am Fernsehapparat in der Kompanie mit einer Plombe versiegelt, so dass nur Ostfernsehen empfangen werden konnte.

Im Morgengrauen sah ich dann das erste Mal die trennende Schneise im deutschen Wald. Wir saßen bewaffnet mit einer MPi, unserer Feldtasche, dem Fernglas, einem im Grenzsoldatenjargon genannten Bleib-hier-Verpflegungsbeutel und der genauen Einweisung vom Kompaniechef über das zu sichernde Gebiet hinten auf einem Armee-Lkw und fuhren auf einem speziellen Plattenweg, der direkt neben dem Grenzzaun verlief, zu unserem Bunker. Wir Neuen hatten jeder einen erfahrenen Postenführer an unserer Seite, und der zeigte mir als Erstes sein Bandmaß, was ansonsten in seiner Jackentasche versteckt war.
Hier war nun alles keine Theorie mehr, hier mussten wir exakt nach Befehl handeln: Wenn sich ein verdächtiges Subjekt in Richtung Grenze näherte, als Erstes anrufen: „Halt, wer da, stehen bleiben!" Wenn das keine Wirkung hatte, musste ein Warnschuss abgegeben werden. Und schließlich, sollte auch das nichts bringen, mussten gezielte Schüsse, wenn möglich auf die Beine des fliehenden Objektes abgegeben werden.
Mein Postenführer und ich sprangen am Zielpunkt unseres Grenz-

abschnittes von der Ladefläche, wünschten den anderen einen guten Dienst, und ich wusste mit einem Mal, dass ich nicht auf einen Flüchtenden schießen würde.

Am nächsten Morgen klopfte ich bei unserem Politoffizier an der Tür und teilte ihm mit, dass ich es mit meinen Moralvorstellungen nicht vereinen konnte, auf flüchtende Personen gezieltes Feuer abzugeben. Ich würde an Gott glauben, an das Gebot, „Du sollst nicht töten" und fühlte mich hier direkt am Grenzzaun außerstande, einem Schießbefehl zu folgen oder ihn selbst auszusprechen.

Der Politoffizier schaute lange auf ein Blatt Papier, das auf seinem Schreibtisch lag, dann blickte er ungläubig zu mir auf und wiederholte langsam: „Also, unser frisch eingetroffener Genosse Elle kann aus moralischen Gründen nicht auf Landesverräter, die unsere sozialistische Heimat illegal verlassen wollen, schießen? Habe ich Sie richtig verstanden, Genosse Elle?"

Ich stand verlegen im Raum und bestätigte meine Aussage. „Ich kann ihnen das politisch natürlich nicht begründen", sagte ich leise, „ich brächte das eben nicht über mein Herz, auf Menschen zu schießen, so simpel war das."

„Das kann böse Konsequenzen für Sie haben", murmelte er bedrohlich, starrte abwesend das Bild mit Marx und Engels hinter mir an und meinte schließlich: „Vielleicht schlafen Sie noch mal drüber, Genosse Elle. Abtreten."

Ich überschlief es mehrere Nächte, doch das Resultat war immer das gleiche: Ich konnte und wollte es nicht tun.

Als Erstes bekam ich einen parteigeschulten, älteren Soldaten an meine Seite gestellt, der mit mir häufiger auf Grenzstreife gehen musste. Der Politoffizier lud mich ab sofort jede Woche in sein Zimmer vor, um mit mir über meine moralischen Auffassungen zu diskutieren und zu fragen, ob denn das normal wäre, dass ein junger Soldat mit Schützenschnur nicht seine Pflichten als Grenzsoldat erfüllen könnte. Meine Eltern und mein Lehrbetrieb erhielten Briefe, in denen sie aufgefordert wurden, während meines Urlaubs über diesen eklatanten Mangel an sozialistischer Vaterlandsliebe mit mir zu sprechen.

Als alle diese Maßnahmen nicht fruchteten, beschlossen der Politoffizier und der Kompaniechef, mich an die vorderste Grenzlinie auf Wache zu schicken, damit ich aus nächster Nähe dem Klassenfeind ins Auge blicken konnte.

So vermuteten sie, würde vielleicht mein Klassenhass entfacht werden und aus Liebe zum sozialistischen Vaterland, könnte ich dadurch zum finalen Schuss überzeugt werden.

So saß ich dann mit meinem Postenführer ein paar Tage später in einem engen Bunker, der auf einem gesprengten Brückenpfeiler an der östlichen Werra stand, blickte durch den schmalen, eisenummantelten Schlitz in Richtung Westen und beobachtete, wie ein Geländewagen des Bundesgrenzschutzes am anderen Ufer anhielt, zwei junge Soldaten ausstiegen, sich eine Zigarette anzündeten und mit dem Fernglas genau auf unseren Bunker starrten. Dann lächelten sie, winkten zu uns herüber, stiegen in ihren Jeep und fuhren wieder davon.

„Das waren also unsere kapitalistischen Klassenfeinde", dachte ich bei mir. „Zwei junge deutsche Typen, in einer etwas anderen Uniform, am anderen Ufer der Werra."

Als alle Maßnahmen, mich ideologisch auf Linie zu bringen, nicht das gewünschte Resultat erbrachten und ich partout nicht in der Lage war, meine naiven, moralischen Scheuklappen abzunehmen, entschlossen sie sich, mich als latenten Unsicherheitsfaktor von der vordersten Grenzlinie zu entfernen und mich als Wachsoldat

tiefer ins Hinterland oder zu anderen Kasernen als Hilfskraft abzukommandieren. Oft musste ich auch als Nachtkoch arbeiten.
Zu Silvester des Jahres 1974 saß ich kurz vor null Uhr allein mit drei wassergefüllten Eimern in der Küche unserer Kaserne, schälte Kartoffeln und warf sie lustlos hinein. Genau um zwölf blickte ich durchs Fenster und sah, wie drüben auf der westlichen Seite Deutschlands ein buntes Feuerwerk den Himmel farbenfroh erstrahlen ließ.
Ich trank eine Vita-Cola von der VEB Brauerei Erfurt, brüllte „Prosit Neujahr!" in eine Kaffeekanne und warf wütend eine frisch geschälte Kartoffel in den Eimer, dass es nach allen Seiten nur so spritzte.
Und ich fühlte in mir einen elenden Hass auf diese verdammte, unüberwindbare Grenze.

Bei meinem letzten Urlaub kurz vor meiner Entlassung aus der Armee brachte mich mein Bruder zum Bahnhof. Er studierte mittlerweile Geografie, hatte geheiratet und wohnte immer noch in Omas Wohnung. Kurz bevor mein Zug losfuhr, sagte er aufgewühlt, er werde mit seiner Frau in die ČSSR fahren und dort versuchen, durch den Böhmerwald nach Bayern zu fliehen. B. wüsste noch nichts davon, das wäre für sie besser so. Er hatte die Landkarten eingehend studiert, um eine sichere Route in der Nacht zu finden, und wenn diese Flucht gelingen sollte, würden wir uns wahrscheinlich sehr lange nicht mehr sehen. Er umarmte mich kurz, sagte mit zittriger Stimme: „Mach's gut, Klaus", drehte sich abrupt um und lief schnell davon.
Am Grenzbahnhof zwischen der DDR und der ČSSR wurden sie aber beide von Mitarbeitern der Stasi aus dem Zugabteil herausgeholt, erzählte mir Jörg einige Wochen später. Man verhörte sie

die ganze Nacht, sie mussten sich nackt ausziehen, alle Sachen von ihnen wurden durchsucht, im grellen Lampenschein eines schmalen Einzelzimmers befragte man sie dann einzeln nach ihren eventuellen Fluchtabsichten.

Mein Bruder beteuerte natürlich, dass sie nur Urlaub im Böhmerwald machen wollten. Sie schrien ihn aber an, seine Frau hätte doch bereits alles zugegeben, dass sie Fluchtpläne hätten und er solle doch nun auch endlich gestehen, dass eine Republikflucht geplant ist, sein ewiges Schweigen würde ihm auch nichts mehr helfen.

Gott sei Dank beharrte er aber stur auf seiner Position, sie wollten zum Wandern in den Böhmerwald fahren, und seinen Kompass brauchte er lediglich, wenn sie sich verlaufen sollten.

Es war also gut gewesen, B. vorher nichts zu sagen, sonst wäre sie bestimmt umgefallen, resümierte Jörg.

Nach acht Stunden Verhör, ohne konkreten Anhaltspunkt für eine Republikflucht gefunden zu haben, gab man ihnen mit keiner Entschuldigung am nächsten Morgen ihre gesamten Sachen zurück und erlaubte ihnen, mit dem nächsten Zug Richtung Böhmerwald weiterzufahren.

Doch der Schock saß zu tief und aus der geplanten Flucht wurde nichts.

In der Technischen Hochschule hatte ich nach meiner Armeezeit Arbeit als Reprofotograf gefunden. Ich bediente mehrere ältere Kameras, machte kleinere Versuche im Rahmen einer Entwicklung für polymere Druckplatten und betreute Studenten im Labor.

Eines Morgens legte mir der Gewerkschaftssekretär ein längeres Schreiben auf meinen Arbeitsplatz. Er forderte mich in diesem Schreiben dringend auf, doch endlich in den Verein der Deutsch-

Sowjetischen Freundschaft einzutreten. Ohne meine Mitgliedschaft könnte unsere gesamte Brigade nicht den Titel „Kollektiv der sozialistischen Arbeit" erringen, sagte er mir halb verärgert und ob ich denn etwas gegen unsere sowjetischen Freunde hätte.

Ich sagte ihm nein, ich hätte nichts gegen unsere sowjetischen Freunde, aber ich hätte auch nichts gegen das Deutsche Rote Kreuz, und dort war ich auch kein Mitglied.

Ich starre Löcher in die Zeit
und meine Träume liegen wie versiegelte
Tintenpatronen am Notausgang hinter der Zirbeldrüse.
Wenn ich schlafe, schreibt mir der Zeitgeist
Drehbücher für künftige Erinnerungen.
Meine Trampelpfade im göttlichen Marschplan
sind voller Fußangeln.
An entscheidenden Weggabelungen treffe ich einige
meiner Doppelgänger, sie zwinkern mir wissend zu
und verlassen die schönsten Auswege.
Neuerdings sammle ich die blinden Flecke meiner Feinde und
nähe sie auf meine weiße Weste.

Als ich eines Nachmittags im Frühjahr 1975 nach der Arbeit nach Hause kam, lag auf dem Tisch in meinem Zimmer ein Brief von der Hochschule für Grafik und Buchkunst. Die Hochschule teilte mir mit, dass ich die Aufnahmeprüfung für das Fach Fotografie bestanden hätte und im Herbst mein Studium beginnt.

Ich machte einen Luftsprung und küsste den Brief.

Von den hundertfünfzig Bewerbern aus der gesamten DDR hatte ich den vierten Platz während einer einwöchigen Aufnahmeprüfung erreicht, erfuhr ich hinterher. Da Platz Nummer drei überra-

schend zur Armee eingezogen wurde, durfte ich nachrücken und erhielt den Studienplatz.
Endlich bekommt mein kleinbürgerliches Leben eine neue Perspektive, freute ich mich.

Im Hochschulcafé verkündete die wunderschöne Almut, dass heute bei ihr in der Wohnung eine Fete für das erste Studienjahr stattfinden würde. Es kämen auch einige höhere Studienjahre vorbei, jeder solle bitte eine Flasche Wein mitbringen, am besten trockenen.
Ich sagte meinen anderen Fotografie-Kommilitonen Bescheid und kaufte eine Flasche Wein. Kurz vor neun klingelte ich im Hinterhaus bei Almut, sie öffnete die Tür, starrte mich überrascht an und sagte, sie hätte nur die Maler und Grafiker gemeint, eben Künstler und keine Fotografen. Aber da ich nun mal da war, könnte ich gern reinkommen.

Nach einem halben Jahr Unterricht im Fach wissenschaftlicher Kommunismus meldete sich Hans Schulze während des Unterrichts und sagte zu Professor Z., dass ihn diese Art von Vorlesungen unendlich langweilen würde. Dies wäre eine viel zu triviale Betrachtungsweise der marxschen Philosophie, die uns in der gegenwärtigen Situation im Wettbewerb der beiden großen Gesellschaftssysteme nicht weiterbringen würde, meinte er. Hans ging zur Tafel und erläuterte dem Professor und uns anderen erstaunten Studenten, wie man ausgehend von Hegel, Fichte, Feuerbach hin zu Marx, Engels und Lenin eine zukunftsweisende materialistische Vision entwickeln müsste, die kritisch und konstruktiv mit ihren eigenen Fehlern umgeht und die Kunst und Kreativität als wesentliche Produktivkraft erkennen muss.

Der hagere Professor Z., vorher Politoffizier bei der Armee, stand fassungslos, mit rot angelaufenem Kopf neben Hans, der durch seinen langen Bart linkisch grinste.

„Die Kunst im Sozialismus", erwiderte jetzt Professor Z., „hat die Aufgabe, die Ideologie der Partei sinnlich und überzeugend in die Herzen und Hirne der werktätigen Bevölkerung zu bringen", und wer diese Aufgabe eines sozialistischen Realismus nicht verstehen könne, der wäre hier fehl am Platz.

Das würde er schon verstehen, meinte Hans, er hätte prinzipiell überhaupt nichts gegen den sozialistischen Realismus, aber ihm ginge es ja um das Wie, wie man das im Kontext der aktuellen weltpolitischen Situation mit mündigen Bürgern auf einer konstruktiven, reflektiven Ebene betrachten sollte und vor allem in welcher Freiheit das geschehen müsste. Es mache doch keinen Sinn, ständig die alten Texte von Marx und Engels gebetsmühlenartig zu wiederholen, brave Parolen vom Sieg der sozialistischen Lebensweise an morbide Hauswände zu pinseln, was wir dringend brauchen, ist ein Materialismus, der einen produktiven Transfer ins Heute schafft, denn ohne den ökonomischen Erfolg sind wir die Verlierer im Wettstreit der Gesellschaftssysteme, beendete Hans seine Erwiderung.

Professor Z. bat nun mit gepresster Stimme, Hans sollte doch wieder seinen Platz einnehmen, dieses Thema müsste noch an anderer Stelle ausdiskutiert werden.

Einen Monat später organisierte die Hochschulleitung eine spezielle Prüfung für Hans, er bekam im Fach wissenschaftlicher Kommunismus die Note eins und fehlte ab da unserem Studienjahr als Inspirationsquelle in diesem ansonsten trockenen Fach.

Beim ersten Grundstudiumspraktikum in der Berliner Gegend sollten wir Landschaften und Porträts fotografieren. Unser Studienjahr bestand aus drei DDR-Studenten, zwei Ungarn und einem Delegierten aus Vietnam, den die Partei zum Fotoreporter ausbilden lassen wollte. Minh war schon über fünfunddreißig Jahre alt, eine Kamera hatte er vorher nie gesehen, zudem hatte er in Vietnam eine Frau und Kinder und konnte nur einmal pro Jahr in seine Heimat fahren.

Unsere beiden ungarischen Studenten besaßen die besten japanischen Kameras, kamen aus Budapest, waren irgendwie tiefenentspannt und erzählten uns häufig von ihren Reisen nach Frankreich oder Italien.

Zur Feier des Abends hatten sie guten Weißwein vom Balaton mitgebracht, der nach meinem Geschmack aber viel zu sauer war. Ich kannte nur den gemixten Rotwein Marke „Liebeszauber", den mein Vater mit Puderzucker und einem Eigelb mixte und uns diesen zuckersüßen Cocktail zu besonderen Festlichkeiten servierte.

So warf ich ganz selbstverständlich drei Stück Würfelzucker in mein Glas Wein, rührte kräftig um und sagte begeistert: „So kann man diesen Wein erst richtig genießen."

Ich hatte nur keine richtige Erklärung für die erstarrten Gesichter unserer ungarischen Freunde, die mich seitdem hinter meinem Rücken einen „kulturlosen, deutschen Spießer" nannten.

Auf einer Studentenparty im Hochschulkeller lernte ich Marion kennen. Sie hatte lange blonde Haare, ein verzauberndes Lächeln, trug modische, hochhackige Stiefel und als wir miteinander tanzten, erzählte sie mir, dass sie Mathematik und Physik an der Karl-Marx-Universität studiere und bald ihr Diplom machen würde.

Ich fragte sie meine linkische Standardfrage, ob sie denn schon mal in Moskau war, und als sie mit „nein" antwortete, sagte ich zu ihr, „da müsstest du ja eigentlich meinen Bruder kennen, der war auch noch nie in Moskau."

„Ich möchte dich gern wiedersehen", wollte ich ihr nach diesem Tanz sagen, aber dann war sie nach dem Toilettengang plötzlich verschwunden.

Ich ging den nächsten Tag zur Karl-Marx-Uni, Sektion Physik und fand ihre Studiengruppe. Ich entdeckte im Vorzimmer der Sektion eine ausgehängte Prüfungsliste, auf der auch ihr Name mit der konkreten Prüfungszeit geschrieben stand. Am folgenden Tag, zur angekündigten Uhrzeit, stand ich mit einem Blumenstrauß neben dem Prüfungszimmer und wartete auf sie.

Sie kam strahlend heraus und rief laut: „Ich habe bestanden."

Ich überreichte ihr verlegen meine Blumen.

Sie war verwirrt, mich hier so unvermittelt wiederzusehen, aber sie hätte heute Abend bereits eine andere Verabredung, ließ sie mich wissen.

Ich sagte ihr, ich würde mich trotzdem freuen, wenn wir noch mal tanzen gehen könnten und außerdem hätte ich zwei Karten für den legendären Fasching in der Hochschule für Grafik.

Einige Wochen später traf ich Marion zufällig wieder.

Sie stand an der Straßenbahnhaltestelle vor der Oper, ich lief ins Café Corso, hatte meine schwarze, gefütterte Kutte an und beide riefen wir uns überrascht „Hallo" zu.

Sie war mittlerweile wieder solo, und ich war immer noch auf Suche.

Das waren bessere Voraussetzungen für eine große Liebe.

Meine freie Arbeit zum Ende des ersten Studienjahres bestand aus einer Reihe komischer Verse, zu denen ich Collagen aus Magazinbildern angefertigt hatte.

Diese kurzen Gedichte schrieb ich meist in den Vorlesungen im Fach wissenschaftlicher Kommunismus, damit ich nicht ständig einschlief.

Ein Gedicht, das ich benutzt hatte, lautete: *Ein arbeitsscheuer Pelikan, / der kaufte sich 'nen Turmdrehkran. / Dann ging er auf den Großbau / Und heiratete die Ingenieursfrau.*

Dummerweise hatte ich in Unkenntnis der Personen, die auf dem Foto abgebildet waren (nämlich allesamt Mitglieder einer SED Bezirksdelegation, die ein Neubaugebiet besuchten), jedem von ihnen einen weißen Pelikanschnabel ins Gesicht gezeichnet, weil das ja zu meinem Vers passte.

Nach der Prüfung nimmt mich mein Professor erregt zur Seite und sagt mir, er hätte den Rest der Prüfungskommission nur mit großer Mühe überzeugen können, dass ich aus reiner Unwissenheit und Blödelei solche Sachen machen würde. Meine anderen Fotoarbeiten wären ja ansonsten ganz brauchbar, aber das nächste Mal ginge so ein Schwachsinn nicht mehr durch!

„Mensch Elle, Sie studieren hier an einer Kunsthochschule, lassen Sie in Zukunft solchen Schwachsinn", riet er mir zum Schluss.

Im nächsten Jahr stellte ich als freie Arbeit meine erste Schwangerenserie vor.

Sie gefiel allen viel besser, und mein Professor fragte mich, ob er mir seinen alten Kinderwagen geben sollte.

Unseren Polterabend feierten wir in einem kleinen Gartenlokal in der Nähe von Marions Eltern. Mein Vater stand draußen unter einem Zeltdach und servierte selbstgebackene Eierkuchen, natürlich aus einer Großküchenpackung von VEB Eiket. Marions Vater hatte aus einem alten Metallregal extra einen großen Rost gebaut und grillte darauf Bratwürste. Die Mütter schenkten die Getränke aus und tanzten nacheinander mit all unseren Kommilitonen. Marion war im vierten Monat schwanger, hatte bereits ein kleines Bäuchlein, doch am nächsten Morgen sah sie in ihrem weißen Hochzeitskleid schlank und umwerfend schön aus.

Pfarrer Magirius traute uns in der Gundorfer Kirche, und Marion hatte sich als unbewusste Atheistin zuvor extra wegen mir konfirmieren lassen. Nach der Trauung musste ich furchtbar heulen und hatte mein Taschentuch vergessen.

Das festliche Mittagessen nach der Trauung gab es im Gartenlokal Sprikken, unser größtes Geschenk war eine Wäscheschleuder, und spät in der Nacht fuhren wir mit einem Taxi heim.

Der Taxifahrer meinte lakonisch, so ein Blödsinn heute im Zeitalter aufgeklärter, gleichberechtigter Menschen noch zu heiraten, das könnte er nicht begreifen.

Nach dem Ende ihres Studiums schickte man Marion mit einundzwanzig Jahren auf eine Lehramtsstelle zu einer Schule nach Borsdorf, nahe bei Leipzig.

Hauptfach Mathematik und Physik.

Sie bekam natürlich als Neue die schwierigste Klasse, die die älteren Lehrer gern loshaben wollten.

Ihre Schüler waren vierzehn bis sechzehn Jahre alt, die meisten von ihnen wollten in der Landwirtschaft arbeiten und hätten am liebsten nach der achten Klasse die Schule verlassen. Aber der neue, sozialistische Bauer musste natürlich allseitig ausgebildet sein, er war ein Standbein unserer fortschrittlichen Kultur, und somit war der Abschluss der zehnten Klasse beschlossene Sache, nur die Motivation der Schüler gleich null.

Um die Schule pünktlich am Morgen zu erreichen, stand Marion kurz nach fünf Uhr auf, fuhr mit Zug und Bus zur Schule, und dort erwarteten sie randalierende Schüler, die manchmal Bierflaschen während des Unterrichts durch den Klassenraum schossen. Nach einigen Monaten war sie mit ihrer Kraft am Ende, doch ihr Direktor sah das als Kapitulation an.

Sie durfte laut Arbeitsgesetz ihre Lehrerstelle nicht kündigen, der Staat hatte ihr Studium finanziert, und nun musste sie ihre Gegenleistung erbringen.

Nach einigen gescheiterten Versuchen, ihre Lehrtätigkeit in Borsdorf fortzusetzen, ging sie zu einem Psychologen, der sie erst einmal für längere Zeit krankschrieb und sie ermutigte, auf Lehrunfähigkeit mittels eines psychiatrischen Attestes hinzuwirken.

Nach einem halben Jahr Warten, vielen Gesprächen, Tests und Ärztekommissionen wurde sie schließlich aus dem Lehrerdienst entlassen und konnte sich bei anderen Institutionen bewerben.

Endlich fand sie eine Stelle als Erzieherin an der Ballettschule.

Mittlerweile hatten wir uns eine kleine Wohnung besorgt, die eine ausgereiste Freundin uns illegal übergeben hatte. Wir bezahlten sechsunddreißig Mark Miete, hatten einen alten Wasserhahn mit Ausguss in der Küche, einen großen, braunen Tontopf zum Frischhalten von Wurst und Käse, einige Möbel hatten wir vom Sperrmüll geholt, und wenn manchmal in langen Kälteperioden unsere Kohlen zum Heizen aufgebraucht waren, fuhr ich mit der Straßenbahn zu Bekannten, um dort welche zu holen, oder klaute welche um die Ecke beim Kohlenmann. Unsere zugige Toilette war auf halber Treppe, und an bestimmten sonnigen Tagen, wenn das helle Licht durch die vielen, kleinen Mauerritzen der Außenwand in den Spülkasten fiel, flimmerte die bröcklige Decke wie ein geheimnisvoller Kristall.

Unser erster Sohn Johannes wurde am 24. Dezember 1978 geboren.
„Im Osten bekommt man die Kinder jung wie die einfachen Völker in Afrika", schrieb ich einem Brieffreund in Aurich. „Ihr, in eurem materiellen Reichtum studiert erst, verfolgt dann konsequent eure berufliche Karriere, baut ein Reihenhaus mit zu vielen Zimmern, wandert auf Sinnsuche durch Südschweden, und dann beschließt ihr, Mitte dreißig, ein Kind zu zeugen. Nun lest ihr alle verfügbare Literatur über das geheime Leben des Fötus im Mutterbauch, bei welcher Mondphase während des Beischlafs die Tendenz zu einem Jungen oder Mädchen größer ist, ihr entscheidet euch nach zermürbenden Gesprächen entweder zur Geburt im esoterischen Wasserbassin oder in der besten Uniklinik, und schließlich kauft ihr das topaktuellste Babyfon und ein Sonderangebot Pampers."
„Vielleicht hast du recht", schrieb er mir zurück, „nur sind wir eben alle Produkte unserer Umstände", und er wünschte sich manchmal, auch so schön naiv zu sein, wie wir es scheinbar noch waren.
Am Tag, an dem ich Marion und unser Baby vom Krankenhaus abholen musste, wurde es über Nacht plötzlich eisig kalt, und es begann, unaufhörlich zu schneien. Ich kam natürlich zu spät, weil keine Straßenbahn mehr fuhr, ich hatte statt eines großen Kopfkissens nur das kleine Kissen aus dem Stubenwagen mitgebracht, und alle Krankenschwestern lachten sich halb tot. Es fuhr, wie zu erwarten, immer noch keine Straßenbahn und auch kein Taxi, zum Glück nahm uns eine traurige Frau nach ihrer Fehlgeburt in ihrem engen Trabant mit zu unserer Wohnung.

In den nächsten Tagen fiel öfters der Strom aus, wir saßen mit unserem kleinen Sohn in der Küche bei Kerzenschein, bereiteten das Badewasser auf dem Gasherd und dachten freudig nur bis zum nächsten Tag.

In der Hochschule hatte ich einen beeindruckenden Katalog von einer Galerie aus Hannover entdeckt. Der Künstler hieß Rudolf Hausner, und seine Bilder faszinierten mich. Ich schrieb einen Brief an die Galerie, legte kurz dar, dass ich DDR-Kunststudent ohne Westbeziehungen sei und ob ich nicht noch andere dieser tollen Bücher bekommen könnte. Ich würde als Gegenleistung kleine Originalgrafiken und zu Weihnachten unsere berühmte Stolle schicken.
So kamen wir ins Geschäft.
In unterschiedlichen Zeitabständen kamen kleinere oder auch größere Buchpakete an, ab und zu fehlten ein paar Bilder in den Katalogen, manchmal waren Textstellen mit der Schere aus den Büchern herausgeschnitten, doch ich hatte mittlerweile eine kleine Sammlung der Galerie Brusberg.
Ich packte umgehend kleinere Überraschungspakete mit Amiga-Schallplatten und kleinen Grafiken zusammen, und zu Weihnachten gab es natürlich das besondere Stollenpaket und dazu ein kurioses Ostpräsent (z. B. ein Leipziger Messemännchen oder mein altes FDJ-Hemd).

Nach den ersten zwei Semestern mussten wir alle zur obligatorischen Reserveoffiziersausbildung. Die Kaserne lag am Rande des Harzes, wir Foto- und Grafikstudenten bildeten eine skurrile Kompanie zusammen mit den Schauspiel- und Musikstudenten.

Nach der ersten Woche schrieb Hans einen längeren Artikel für die Wandzeitung, indem er die formalen Strukturen der DDR-Armee mit der faschistischen Wehrmacht verglich. Dies wurde natürlich als unentschuldbare Provokation aufgefasst, und am nächsten Morgen wurde Hans zum Morgenappell vor der gesamten Kompanie degradiert, er sollte sofort die Kaserne verlassen und wurde exmatrikuliert. Hans stand ungerührt, lässig grinsend, ohne seine langen Haare und ohne Bart etwas nackt wirkend, neben dem viel zu fetten Major, der außer sich vor Wut, Passagen aus diesem skandalösen, staatsfeindlichen Pamphlet über den Kasernenhof brüllte.

Am nächsten Morgen rastete Torsten E. aus, als er zum Frühsport geweckt wurde. Er hätte es satt, sich jeden Morgen drangsalieren zu lassen, schrie er, und als man ihn dann zu viert aus dem Bett zu holen versuchte, strampelte und brüllte er, nein, nein, er lasse sich von niemandem mehr vergewaltigen.

Einige Abende öffneten wir unser Stubenfenster und übten Freischreien. Alle zehn Insassen unserer Stube brüllten so laut und lange, wie sie nur konnten. Da dies anscheinend so schauerlich klang, erzählten sich die Leute unten im Dorf, in der Kaserne werden die jungen Soldaten misshandelt. Weil wir deshalb wiederum alle Ausgangssperre bekamen, rasierten wir uns gegenseitig alle Haare ab und sahen zum Morgenappell wie unterernährte Häftlinge aus.

Das unlösbare Problem für die Ausbilder war nur, dass sie nicht gleich das komplette Studienjahr nach Hause schicken konnten.

Hans arbeitete nach seiner Exmatrikulation ein Jahr als Zimmermann zur Bewährung auf dem Bau und durfte zu unser aller Überraschung dann doch wieder Malerei und Grafik weiterstudieren.

Auf einer Rüstzeit mit der evangelischen Studentengemeinde wurde Reiner Kunze mit seiner Frau eingeladen. Er bewegte uns alle mit seinen feinsinnigen Gedichten, mit seiner freundlichen, souveränen Art, und ich machte ein Foto von ihm und seiner Frau, auf dem sie beide Arm in Arm auf einer nebligen Allee vorsichtig blickend zwischen herbstlichen Kastanien standen. Ich fand hinterher sein Gedicht „Rudern zwei, der eine wissend der Sterne, der andre kundig des Meeres" äußerst passend dazu und schickte ihnen diese Fotomontage.

Reiner Kunze war sehr angetan, bat mich, ihm doch zehn Abzüge davon zuzusenden. Nur, der erste Brief kam nicht an. Er schrieb mir daraufhin, wahrscheinlich habe die Stasi diesen Brief abgefangen, und ich solle es noch einmal versuchen.

Aber dann genehmigten die staatlichen Organe in aller Eile seine Ausreise, und mein zweiter Brief konnte ihn nicht mehr erreichen.

Marion arbeitete seit ihrem neunzehnten Geburtstag auf der Messe als Standhilfe bei einer Hamburger Firma, die Dichtungsringe herstellte. Sie servierte die belegten Brötchen, mixte die Gin Tonics, teilte an spezielle Kunden Prospekte aus und musste vor allem immer blendend aussehen und gute Laune haben. Die Betriebsdirektoren aus dem Osten, die laut staatlicher Direktive ihre Verkaufsabschlüsse mit Devisen mit der Firma Merkel machen durften, schickten immer nach den offiziellen Verkaufsgesprächen heimlich ihre Ehefrauen oder Geliebten zu Marion an den Stand, damit sie ihre speziellen Geschenktüten abholen konnten.

Einmal besuchte der Bürgermeister Hamburgs den Messestand, und da in den engen Kabinen nun noch zusätzliche Stasibeamte herumstanden, blieb sie am Jackett einer dieser Mitarbeiter hängen und schüttete ein Glas Henkell trocken über die Sachen des Bürgermeisters aus Hamburg.

Der Bürgermeister lächelte ein wenig angestrengt, meinte aber, das könne in der Aufregung schon mal passieren, aber dieses kleine Malheur sollte den innerdeutschen Handel nicht beeinträchtigen.

Die smarten Vertreter der westlichen Firmen fühlten sich hier im Osten, hinter dem Eisernen Vorhang, meist wie kleine Business-West-Götter. Ihre stets frisch gewaschenen Autos funkelten wie kostbare Edelsteine auf der grau verschmutzen, ostdeutschen Übergangsjacke, ihre Anzüge waren hochmodisch und passten auch in der Taille, ihre Haut war sonnengebräunt, sie rochen nach Frische und Wohlstand, und in ihren Geldbörsen steckten die magischen Geldscheine, die ihnen die Herzen der Frauen öffneten. Und fast immer lag zwischen den letzten Seiten ihres abgegriffenen Reisepasses ein farbiges Urlaubsfoto, auf dem sie mit ihrer Ehefrau vor irgendeiner monströsen Hotelanlage in Spanien oder Italien mit einem künstlichen Lächeln herumstanden.

Selbst die kleinen, dicken, hässlichen Männer wuchsen unter den achtungsvollen Blicken der Ostfrauen und mithilfe hochprozentiger Drinks zu Heroen der Nacht. Sie genossen die offene, herzliche Art ihrer östlichen Brüder und Schwestern und konnten hier drüben in manchen Stunden ihr ansonsten kümmerliches Schattendasein auf den Schlachtfeldern des Kapitalismus als Sieg eines gnädigen deutschen Schicksals genießen.

So verband uns Deutsche weiterhin ein geheimnisvolles, gemeinsames Schicksal. Die Schnittwunden des alten, heißen und des neuen, kalten Krieges schmerzten immer noch tief unter der Oberfläche, im Westen behandelte man diese Wunden mit den bunt bedruckten Pflastern des Wirtschaftswunders, und hier im Osten speichelte man diese Narben mit ideologischen Phrasen ein

und kochte weiter in den alten Töpfen der ehemaligen Diktatur eine dünne Buchstabensuppe.
Am letzten Messetag räumten wir zügig die Reste vom Messestand ab. Mehrere Pakete Salzstangen, Käppis mit dem Firmenlogo, blaue Regenschirme, die restlichen Flaschen Schnaps und Bier und wie immer ein Jahrbuch über die Freie Hansestadt Hamburg schleppten wir in unsere Wohnung.
Am Abend kam meist unerwarteter Besuch zu uns, denn unsere Freunde und Bekannten wussten aus Erfahrung, edle Westspirituosen warteten am Ende der Messe auf sie.

Einmal im Monat am Dienstagsabend traf sich ein großer, heterogener Kreis von Studenten in den kleinen, charmanten Altbauwohnungen. An jedem dieser Abende hielt ein Teilnehmer zu einem ganz speziellen Thema einen kurzen Vortrag, und hinterher wurde heftig darüber diskutiert. Da unser Kreis aus angehenden Medizinern, Theologen, Juristen, Architekten, Künstlern und Psychologen bestand, waren die Gespräche meist sehr anregend und frei. Wir feierten zusammen Fasching, fröhliche Sommerfeste, fuhren zu Kurzurlauben an die Müritz und genossen diese lockeren, unbeschwerten Stunden unseres Zusammenseins.
In dieser privaten, kleinen Welt, die ohne all diese lächerlichen rhetorischen Formeln auskam wie: „Zu Ehren der Partei haben wir uns verpflichtet" oder „nur in treuer Freundschaft zu unseren sowjetischen Brüdern" (wir wussten ja, dass es unsere Brüder waren, denn Freunde konnte man sich schließlich aussuchen) oder „als Beitrag zum soundsovielten Parteitag der DDR verpflichte ich mich –", nun in dieser behüteten Atmosphäre unter Gleichgesinnten wuchsen zart unsere Hoffnungen auf einen allmählichen Wandel, auf einen Sozialismus mit mehr Freiheit, mit Mut zur Wahr-

heit und ohne dieses ewige entweder für uns oder gegen etwas zu sein.

Das waren unsere privaten, konspirativen Kuschelecken abseits von den lauten Fluren der Macht, wo die hohlen Phrasen der Propaganda vom verordneten Glück, wie höhnische Mantras grell und laut schallten.

Zu einem hochschulinternen Wettbewerb zum siebzigsten Jahrestag der Oktoberrevolution sollte jeder Student einen Plakatentwurf abgeben. Ich wickelte ein Dreipfundbrot in das sowjetische Parteiblatt „Prawda" (zu Deutsch „Wahrheit"), machte ein Schwarz-Weiß-Foto davon, vergrößerte es auf Plakatformat und fand den prägnanten Titel: Brot und Wahrheit!
Für diese Arbeit gab es den zweiten Preis.

Der acht Jahre alte orangefarbene Trabant sollte sechstausend Mark kosten, sagte ein Bekannter mit hochgezogenen Schultern und ausgebreiteten Händen, als wolle er sich für den überhöhten Preis ein wenig entschuldigen. Er gäbe natürlich noch mehrere Bewerber, und wir sollten uns schnellstens überlegen, ob wir ihn nehmen wollten oder nicht. Wir hatten Geld von einigen Messejobs gespart, Marion konnte noch Westgeld eins zu fünf tauschen, und wir sagten zu.
Wir suchten zudem ein kleines Zimmer auf dem Land, damit wir mit unserem erstgeborenen Sohn Johannes am Wochenende aus der lärmenden Stadt hinausfahren konnten.
Im Sommer entdeckte ich eine kleine Annonce, wo irgendjemand ein paar Zimmer in seinem alten Bauernhaus in der Nähe der Mulde vermieten wollte.
Wir fuhren am Wochenende in das kleine Dorf Muschau in der

Nähe von Grimma, das war vierzig Kilometer von Leipzig entfernt und fanden das besagte Haus sehr schnell. Es lag malerisch in einer kleinen Talsenke, eine ausladende, alte Kastanie stand gravitätisch vor der Haustür, der Garten wirkte etwas verwildert, aber wir fanden alles wunderschön.

Eine ältere Frau öffnete uns die Tür, sie erzählte uns, dass sie hier noch allein wohnen würde, und nur am Wochenende käme ihre Tochter zu Besuch. Im Haus gab es nur einen Brunnen im Waschhaus, daneben war das rustikale Plumpsklo, in den kargen Zimmern standen rostige Kanonenöfen, und in ihrem Alter würde es für sie immer beschwerlicher, hier allein zu leben, sagte sie uns dann.

Als wir uns entschlossen hatten, zwei Zimmer im Erdgeschoss zu mieten, schaute sie uns plötzlich an und fragte, ob wir nicht vielleicht das Haus kaufen wollten. Sie hätte es für dreitausendsechshundert Mark erworben, aber da das Dach jetzt neu sei, will sie fünftausend Mark haben.

Ich schaute Marion überrascht wie irritiert an und sagte spontan: „Natürlich nehmen wir das", obwohl wir kein Geld dafür hatten.

Ein halbes Jahr später kauften wir es zusammen mit Bekannten und borgten uns dafür die fehlenden zweitausendfünfhundert Mark.

Vater und Mutter waren nach Leipzig Grünau ins Neubaugebiet umgezogen. Sie hatten es satt, jeden Winter ihre Kohleöfen mit Briketts zu heizen, und außerdem war ihre Wohnung viel zu groß für sie, seufzte Mutter. Leider passten viele ihrer alten Möbel nicht in die kleinen Zimmer der Plattenneubauwohnung, und sie kauften sich eine zerlegbare Schrankwand Erika und eine neue Sesselgarnitur. Vater zeigte mir triumphierend die fest installierte Antennenbuchse in der Wand. „Alle deutschen Programme in bester Qualität, denn unsere gemeinsame Hausantenne ist in einer Höhe, von der wir früher nur träumen konnten", strahlte er.

Im Halbdunkel des Hochschulclubs entfachte sich eine hitzige Diskussion. Es ging um die Ausbürgerung von Wolf Biermann und die gegensätzlichen Reaktionen vor allem im kulturellen Bereich.
Hans meinte, wo kämen wir denn in diesem Lande noch hin, wenn wir alle kritischen Geister, die konstruktiv und offen ihre Meinung kundtaten, so einfach rausschmeißen würden.
Aber diese Kritik nütze doch letzten Endes nur dem westlichen System, dessen Medien würden sich doch nur freuen über eine solche charismatische Figur wie Biermann, der die Errungenschaften des sozialistischen Aufbaus doch eh nur in den Dreck ziehen wolle, erwiderte Bernd aus der Malereiklasse.
Aber was bedeuten denn diese ängstlichen Reinigungsaktionen auf lange Sicht für dieses Land, was hat denn eine solche mittelalterliche Hexenjagd mit dialektischem Materialismus zu tun, mit der belebenden Kraft künstlerischer Haltungen, die jedes System bitter nötig hat. Und wer würde denn überhaupt entscheiden können, was produktive und unproduktive Kritik sei, konterte Hans.
„Im Moment geht es um die Sicherung der Macht der sozialistischen Staatengemeinschaft, so brutal einfach ist das", zischte Bernd. Wir könnten es uns bei dieser Bewusstseinslage des Volkes nicht leisten, der freien Meinungsäußerung Tür und Tor zu öffnen. Unsere materielle Lage sei noch nicht so stabil, dass wir den Wettlauf der beiden unterschiedlichen Systeme für uns entscheiden könnten, und jeder müsse heute klar artikulieren, auf welcher Seite er stehen wolle.

„Oder kannst du denn nicht begreifen, lieber Hans, wie sich dieser Herr Biermann vor den Karren des Klassenfeindes sperren lässt!", wurde Bernd nun laut.

„Eure kleinbürgerliche Borniertheit kotzt mich einfach nur an!", brüllte Hans und verließ wutschnaubend die Hochschule.

Die Kunst ist meine Parallelwelt.
Ein heiliger Ort, den sich meine innere Führung erwählt hat, um dort für einige Zeit mein Schicksal im Entwicklungslabor zu testen.
Die Kunst ist meine visionskontaminierte Gewerbefläche am Rande des kollektiven Unterbewusstseins, eine platonische Enklave, eine Rot-Kreuz-Station meiner Sehnsucht.
Die Kunst ist der Ausweg aus meiner Biografie,
eine verborgene Weiche im Nebengleis des Lebens.
Die Kunst ist die authentische Schleifspur meiner Seele,
eine kleine Wahrheitsoase.
Ich glaube an ein Leben mit der Kunst!

In der SED-Parteizeitung „Neues Deutschland" druckte man tags darauf eine ganze Seite mit Solidaritätsbekundungen parteikonformer Künstler ab.

Einige Abende danach trafen wir uns spätabends mit vielen Freunden vor dem Fernseher und sahen uns das Biermann-Konzert nach seinem Grenzübertritt in Köln an. Zum ersten Mal hörte ich live viele seiner Lieder (zuvor hatte ich sie nur auf abgegriffenem Schreibmaschinenpapier gelesen) und erkannte in ihnen meine eigene Bitterkeit, meine unausgesprochene Kritik, meine Freude, mein Leid, meine Sehnsucht nach Wahrheit, erkannte, dass einen dieses diktatorische System dazu zwang, Diamant oder Kohle zu werden, dass durch diesen Druck künstlerische Schönheit entstand, aber auch Ohnmacht und Ausweglosigkeit.

Mit der Ausbürgerung Biermanns war ein weiterer Damm gebrochen, und tausende kreativer, kritischer Geister bliesen in ihre Schicksalssegel die Luft ihrer Wut und Hoffnungslosigkeit und steuerten ihre Lebensschiffe gen Westen.

In einem Jugendclub am Rande von Leipzig stellte ich eine Reihe von Schwarz-Weiß-Aktfotografien aus. Ich gab dieser Serie den Titel „Nackte Menschen", denn es waren entkleidete Personen, die in ihrem Nacktsein Antworten auf die ewigen Fragen unserer Existenz suchten. Ich hatte alte und junge Frauen zusammen in verschiedenen Lebensstadien abgelichtet, kantige, männliche Körper posierten vor Kachelwänden, schwebende Gliedmaßen reckten sich vor kitschigen Tapeten, hart ausgeleuchtete Aktmodelle lagen breitbeinig auf kargem Waldboden, maskierte, dickbusige Mädels saßen auf primitiven Holzstühlen, oder abwesend blickende Paare standen ausdruckslos vor weißen Wänden.

Nach einer Parteiversammlung rissen einige Genossen in alkoholisiertem Zustand die Hälfte meiner Bilder wütend von den Wänden.

Es gab eine Aussprache mit der Clubleitung, einem Parteifunktionär und mir.

Sie meinten, es täte ihnen leid, dass einige Genossen meine Bilder von den Wänden gerissen hätten, aber meine Fotografien hätten nichts mit sozialistischem Realismus zu tun. Das wären negative Ausgeburten eines verwirrten Menschen.

Ich fragte zurück, was sie denn konkret unter sozialistischem Realismus verstehen würden und wie solche Aktfotos auszusehen hätten.

Das müssten fröhliche, positive, junge Menschen sein, die stolz auf ihren Körper wären, wo nicht das Deformierte gezeigt würde und ältere, nackte Menschen in halbdunklen Räumen herumstehen, bekam ich trotzig zu hören.

„Aber wie kann ich denn ehrliche und authentische Kunst machen, wenn ich der Stimme meiner Intuition und meinen Gefühlen nicht mehr folgen kann?", fragte ich zurück.

„Dann müssen Sie an ihrem Bewusstsein arbeiten, Herr Elle, dafür lassen wir Sie ja studieren, damit Sie in Zukunft solche Bilder machen können."

Schließlich bezahlten sie mir je zerstörtes Foto fünfzig Mark und wünschten mir alles Gute für meine weitere Zukunft.

Unsere erste offizielle Wohnung erhielten wir Anfang 1980 vom Wohnungsamt Nordost. Sie war wie üblich völlig abgewohnt, hatte dafür drei Zimmer mit Küche und ein kleines Bad, das in der ehemaligen Speisekammer eingebaut war. Das Haus hatte sogar eine Gemeinschaftsantenne mit Westempfang, mein kleines Fotolabor war um die Ecke, und in fünf Minuten erreichten wir zu Fuß den verträumten Stünzer Park, wo wir fast täglich mit dem Kinderwagen spazieren gingen.

Der zweite Sohn David wurde im September geboren und hatte große Mühe, auf diese Welt zu kommen. Er schlief viel, trank nur die gute Muttermilch, und da meist etwas von dieser vielen Milch übrig blieb, hoben wir sie für Hans auf, der sie bei seinen spontanen Besuchen mit einem kräftigen Schluck austrank und lautstark äußerte, das sei der allerbeste Kraftdrink, den er sich vorstellen könnte.

Ich hatte kleinere Fotoaufträge für die DEWAG-Werbung und war mittlerweile in der Fachklasse Fotografik gelandet.

Marion arbeitete unterdessen mit Unterbrechungen in der Ballettschule als Erzieherin und scheuchte abends mit mir zusammen die jungen Tänzer aus den falschen Zimmern.

In den Gemüseläden gab es manchmal Apfelsinen oder Bananen, beim Fleischer stellten wir uns freitags morgens gegen acht an das Ende der Schlange an, damit wir gegen zehn drankamen und unser Fleisch und die Wurst für das Wochenende kaufen konnten.
Manchmal fehlte das Fixierbad für das Fotolabor, sodass ich Briefe nach Güstrow an einen Freund schreiben musste mit der Frage, ob es irgendwo in Mecklenburg ein Fixierbad gab und wenn ja, ob er mir per Post ein paar Packungen schicken konnte.
Zum Telefonieren gingen wir eine Etage tiefer zu Herrn Dittrich, der als Angestellter bei der staatlichen Energieversorgung arbeitete und ein Telefon wegen dringender Notdienste haben musste.

Durch eine zufällige Begegnung hatten wir Franz-Peter aus dem Schwarzwald kennengelernt, der uns Einlagen für die Stoffwindeln zuschickte, damit wir die Babyscheiße nicht mit der Hand aus den Windeln waschen mussten.
Marion hatte einiges Westgeld von ihrem Messejob gespart und schenkte es mir, damit ich mir eine professionelle Kamera der Marke Olympus für mein Studium von einem Bekannten zur Messe mitbringen lassen konnte.

Die Flüsse um Leipzig stanken nach Phenol oder Jauche und sahen wie zähfließende, schwarze Tusche aus. In den Zeitungen lobte die Partei unsere fortschrittlichen Umweltgesetze. Die Genossen in Berlin freuten sich über unsere unzähligen Goldmedaillen bei den olympischen Spielen und bei anderen internationalen Wettbewerben, wir schossen einen ostdeutschen Patrioten zusammen mit unseren sowjetischen Klassenbrüdern in den Weltraum, um die Überlegenheit der kommunistischen Forschung zu demonstrieren, und gleichzeitig sammelten die Heere der unzähligen IMs unermüdlich Daten über Daten für die Archive der Stasi.

Wir wussten, was die Regierenden da oben dachten und nach welchen Spielregeln wir mitspielen sollten. Die Spielregeln waren nicht schwer zu begreifen, denn man brauchte sich im Prinzip nur zu entscheiden, ob man zu den Guten oder zu den Bösen gehören wollte.

Wir hatten es uns, so gut es ging, in diesem Land eingerichtet und träumten manchmal von mehr Freiheit, von einer unbeschreiblichen Leichtigkeit des Seins, von einem Westgeldkonto in Frankfurt am Main und von Reisen nach London oder Indien.

Torsten klingelte an unserer Wohnungstür, grinste uns triumphierend an und sagte geheimnisvoll: „Kommt mal mit runter auf die Straße, ich will euch mal was Tolles zeigen." Vor unserer Haustür stand ein nagelneues Auto der japanischen Marke Mazda. „Ich habe von meinem Schwiegervater die vierzehn Jahre alte Anmeldung für seinen neuen Wartburg übertragen bekommen und konnte mich entscheiden, ob ich den Wartburg oder diesen nagelneuen Import-Mazda nehmen will", erklärte er uns. „Ich habe natürlich den Mazda genommen, den uns Erich Honecker von seinem offiziellen Staatsbesuch in Japan mitgebracht hat", witzelte er, „und dann verkaufe ich ihn natürlich für einen Spezialpreis und kaufe mir einen anderen neuen Wartburg."

Er öffnete die Kühlerhaube wie die Schatulle eines Diamantcolliers, wir blickten alle überwältigt in den Motorraum, dann ließ er den Deckel behutsam herunterklappen.

Er machte uns besonders auf das sanfte Klicken beim Einrasten der Kühlerhaube aufmerksam und lud uns zu einer Probefahrt in Hausschuhen ein.

Im Mai packten wir oft unsere Sachen und fuhren mit unserem Trabant hinauf nach Rügen.
In der Nähe von Berlin hörten wir RIAS mit seinen aktuellen Verkehrsnachrichten, und wenn die vielen Staus auf den Westberliner Stadtautobahnen mit den Anweisungen zum weiträumigen Umfahren durchgesagt wurden, rief ich laut: „Ja, wir umfahren weiträumig eure beschissenen Weststaus!"
Die Kinder turnten hinten auf der Sitzbank herum und nach sechs Stunden Fahrt dröhnten mir entsetzlich die Ohren, und meine langen Beine taten so weh, dass ich sie hinüber zu Marion streckte und sie für einige Zeit Gas geben musste. Wir wohnten bei einer Fischerfamilie in Groß Zicker, die jede Kammer ihres Hauses an Urlauber vermietet hatten. Mittags saßen wir oft in der Hafenkneipe, tranken ein Bier für fünfzig Pfennige und aßen Schnitzel mit Erbsen pro Portion für 2,30 Mark. Wir bauten mit den Kindern Strandburgen, liefen zur Steilküste, sammelten Hühnergötter und Donnerkeile und schauten auf die weite See. Wir fragten uns, was aus uns in den nächsten zehn Jahren werden würde, wie man mit Kunst und Familie finanziell existieren kann und ob wir hier im Osten jemals glücklich werden können.

An den Wäscheleinen der unbeirrbaren Gutgläubigkeit hängt
das manipulierte Lachen unserer falschen Vorbilder.
Die alten Frauen bügeln sich die Sorgenfalten aus der Stirn
und hoffen auf das ewige Leben.
Asche zu Asche.

Zahn um Zahn.
Niemand verlässt den Raum.
Die Leuchtkugeln meiner Phantasie schweben wie imaginäre Suchscheinwerfer über der Dämmerung unserer Kultur.

Im Sommer feierten wir die Taufe von David. Karl-Heinz der Pfarrer aus unserem Dienstagskreis hielt in der Kirche die Taufrede, wir fuhren mit allen Freunden und Bekannten aufs Land nach Muschau und genossen gemeinsam diesen Tag. Der Krankenpfleger Stefan war der eine Patenonkel und Franz Peter aus dem Schwarzwald der andere.

Onkel Heinz schrieb an die Eltern, dass er nach Bad Pyrmont umgezogen wäre. Er kam schon lange nicht mehr nach Leipzig, denn das würde zu viele unangenehme Erinnerungen in ihm aufsteigen lassen, schrieb er hastig auf eine seiner sporadischen Ansichtskarten. „Pakete schicke ich auch keine mehr, denn erstens ist Mutter schon lange tot und zweites ginge es ja den Menschen im Sozialismus, laut Politmoderator Karl-Eduard von Schnitzler, viel besser als im faulenden Kapitalismus", fügte er zynisch an. Das Paketschicken hatte nun seine Geliebte übernommen, die zu allen Festtagen das übliche Oststandardpaket mit Kaffee, Schokolade, Kakao und den billigen Sonderangeboten von ALDI einpackte, und höchstwahrscheinlich gab sie dann Heinz die Rechnung, damit er sie von der Steuer absetzen konnte.

Professor Heisig, der Rektor der Leipziger Kunsthochschule, drückte mir die Hand, überreichte mir mein Diplom als Fotografiker mit der Note zwei, murmelte wie üblich herzlichen Glückwunsch in seinen rot melierten Bart und rief den nächsten Diplomanden auf.

Zur Diplomarbeit hatte ich mich mit dem Thema meiner Familienbilder auseinandergesetzt und versucht, durch aufwendige Montagetechniken die verschiedenen Schichten der Wahrheit transparenter werden zu lassen. Es war eine erste, zaghafte Annäherung an dieses komplexe Thema, und die Risse in meiner Biografie sollten in den nachfolgenden Bildserien noch viel deutlicher werden.

Zu meiner großen Freude wurde ich außerdem für ein Zusatzstudium experimentelle Malerei vorgeschlagen, das war das erste Mal, dass ein Fotograf eine solche Möglichkeit bekam, und ich hatte das Gefühl, dass sich in der Kunst etwas zu bewegen begann.

Ein Jahr später bewarb ich mich mit meiner Fotoserie „Zivilisation" und einer umfangreichen medienreflektorischen Arbeit mit dem Titel „Meine Sprache der Fotografie" beim Verband bildender Künstler.

Die Serie „Zivilisation" bestand aus drei Teilen. Ein Teil waren Aufnahmen von Straßenausschnitten, Oberflächen von Müllhalden oder landwirtschaftlich genutzte Ackerböden. Dazu hatte ich stadtnahe Wälder und Parks fotografiert, und der Mittelteil bestand aus fünfzehn Frontalporträts. Mir ging es um Ein- und Auswirkungen menschlichen Handelns auf unsere natürliche Umgebung. Was wir auch taten, wir hinterließen immer Spuren, waren gleichzeitig Täter und Opfer, und ich fragte mich wohl unbewusst, was der tiefere Sinn von unserer Idee des Fortschritts sei.

Nach längerer interner Diskussion der Juroren wurde ich aufgenommen, was bedeutete, ich durfte als freischaffender Künstler arbeiten, bekam eine Steuernummer und musste sehen, was aus mir, der Familie und der Kunst wurde.

Vor den grauen Häusern standen immer häufiger die großen Möbelwagen mit den westdeutschen Autokennzeichen, und man belud sie mit den verbliebenen Habseligkeiten der frisch ausgereisten DDR-Bürger. „Irgendwie werden es immer mehr dieser Transporte", dachte ich bei mir. Nach der Emigration hunderter unangepasster Intellektueller und Künstler in Hitlerdeutschland der dreißiger Jahre, der Vernichtung und Vertreibung der meisten Juden in jener Zeit, nach der Flucht tausender kreativer Geister Anfang der fünfziger Jahre blutete der östliche Teil Deutschlands jetzt zum dritten Mal in einem Jahrhundert aus.

Der Raum, den Hans ein Jahr später als Diplomarbeit präsentierte, erzeugte einiges Aufsehen, was zu erwarten war.
Die Wände hingen voller Bilder, Prozessskizzen, Tagebuchseiten, Gebrauchsanleitungen für elektrische Geräte, jede freie Fläche war beklebt mit politischen Plakaten und großen pädagogischen Lehrtafeln. Auf mehreren Tischen lagen scheinbar in ungeordneter Struktur verschiedenste Materialien, gebrauchte Klamotten, verrostete Werkzeugteile, halbvolle Einweckgläser oder eingetrocknete Speisereste auf Suppentellern. Der Fußboden war übersät mit zerbrochenen Glasscherben, auf denen man klirrend über Fotografien und anderem Textmaterial laufen konnte.
Dies alles zusammen wirkte wie ein verrückt-inspirierendes Forschungslabor eines visuell denkenden Philosophen, der eine faszinierende Denkhöhle für die Begegnung mit einer ungewissen Zukunft geschaffen hatte.
Für die einen war es die blanke Provokation eines übergeschnappten Spinners, eine Kampfansage an das Diktat des sozialistischen Realismus, für die anderen war es die östliche Antwort auf Beuys,

noch radikaler, noch stringenter gedacht, Kunst als fortschrittliches Produktionsinstrument.

Die Prüfungskommission, bestehend aus den unterschiedlichen Professoren der Fachklassen, sah sich außerstande, diese Arbeit zu bewerten. Eine gute Bewertung hätte ohne Zweifel den Missmut der Kulturfunktionäre herausgefordert, aber eine totale Ablehnung hätte den Kampfeswillen von Hans und seiner Fans heraufbeschworen.

Also einigte man sich salomonisch auf ein Diplom ohne konkrete Note. „So etwas gab es noch nie in der Geschichte der Leipziger Kunsthochschule", bemerkte ein älterer Professor der Malerei. „Wenn das Schule machen sollte", erwiderte sein Assistent, „dann haben wir keine gültigen Kriterien mehr, um künstlerische Arbeiten noch relevant beurteilen zu können."

Gott bewahre uns vor dieser Entwicklung.

Der Portier vor einem Prager Hotel fragte uns, ob wir Ost- oder Westdeutsche wären. Wir sagten natürlich, wir seien aus dem Osten. Daraufhin schloss er krachend die Tür vor unserer Nase und rief in seinem gebrochenen Deutsch: „Alles belegt!"

Für einen größeren Auftraggeber, der Musikinstrumente im Vogtland herstellte, schickte mich die DEWAG-Werbung zum Deutschen Turn- und Sportfest ins Leipziger Zentralstadion zum Fotografieren. Ich sollte die Spielmannszüge und Jugendblaskapellen mit ihren frisch geputzten Instrumenten als Werbeaufnahmen für die Messe gut fotografiert in Szene setzen. Mit Farbfilm und leichtem Teleobjektiv begleitete ich nun an einem sonnigen Julimorgen einige dieser Instrumentalgruppen, doch fühlte ich mich außerstande, auch nur ein Foto machen zu können. Diese unerträgliche Marschmusik, diese einstudierten Sprechchöre, diese jubelnden FDJ-Spaliere und Pionierklassen widerten mich dermaßen an, dass ich wie gelähmt am Rand stehen blieb und nicht ein einziges Foto machen konnte.

Um zumindest mein Gesicht etwas zu wahren, ging ich am nächsten Tag zu einem befreundeten Mediziner, ließ mir eine Armschiene mit Haltegurt anbringen, ging zur Geschäftsstelle der DEWAG und teilte ihnen mit, dass ich einen angebrochenen Arm hätte und den anspruchsvollen Auftrag leider nicht realisieren kann.

„Schade, Herr Elle, da müssen wir uns natürlich einen anderen Fotografen suchen", tröstete mich die Werbeleiterin.

Marion war über mich aber ziemlich wütend, denn das Geld hätten wir gut brauchen können. Sie schlug die Hände über den Kopf zusammen und sagte entnervt: „Ich hätte es doch schon vorher wissen müssen, das Leben mit einem weltfremden Künstler mit Familie ist ein Hochseilakt ohne Sicherheitsnetz und jubelndem Publikum."

Im Kino lief Tarkowskis Film „Stalker". Fast alle Vorstellungen waren im Casino ausverkauft. Wir waren von diesem Film wie elektrisiert. Diese knisternde, endlos ausgedehnte Stille, dieses Warten, Suchen, Forschen nach diesem geheimnisvollen Gebiet, nach jenem verborgenen Ort voller Magie und magnetischer Spiritualität war wie eine wundervolle, heilsame Reise zu unserer eigenen unbewussten Sehnsucht nach Sinn und imaginärer Bedeutsamkeit, im Niemandsland unserer östlichen Abstellgleise.

Dieser Film zeigte uns zudem sehr deutlich jene unstillbare Kraft, die aus den Beschränkungen eines zu beengten Lebensraums erwuchs.

Die Sehnsucht nach erweiterter Erkenntnis war für uns das wichtigste Nahrungsergänzungsmittel, um mit der verordneten dünnen ideologischen Buchstabensuppe überleben zu können.
Ohne Begründung verschwand „Stalker" über Nacht aus den Kinos, und ein Bekannter meinte, *die* hätten sogar die Filmrollen vernichtet.
Mit „die" meinte er natürlich, die da oben, die Partei, die anderen, die verblendeten Kleinbürger, die nichts von wahrer Kunst verstehen würden.

Im obersten Stockwerk des kleinen Mietshauses in Connewitz organisierte Judy Lybke seine erste Ausstellung. Expressive Malereien von begabten Autodidakten, freche farbige Collagen, wilde Aquarelle von jungen Hochschulabgängern hingen provisorisch an den Wänden wie unbekümmerte Fragezeichen im staatlich kontrollierten Ausstellungsbetrieb.
Alle, die sich hier trafen, wussten unausgesprochen, warum sie hier waren und warum sie gerade hier ihre Bilder ausstellten. Jedes Gedicht, das anschließend vorgetragen wurde, jede kleine Eröffnungsrede, die man hielt, war mehr als nur ein Statement allgemein zum Leben oder speziell zur ausgestellten Kunst.
Das waren die kleinen und manchmal auch gefährlichen Spielchen mit der Macht im Lande. Da man der Kunst bei der ideologischen Erziehung des Volkes vonseiten der Partei eine enorme Bedeutung zuwies, gab es zwingend und logischerweise eine verordnete Messlatte, an die man sich und seine künstlerischen Ergebnisse zu stellen hatte. Kunst war damit immer ein Wagnis, sie bedeutete automatisch etwas in ihrem Verhältnis zum eingeforderten Anspruch, und das machte diesen prickelnden Reiz aus, der uns alle vorantrieb.

In solchen alternativen Privatausstellung bauten wir die Testmodelle für unser neu gewachsenes Selbstverständnis. Wir improvisierten abseits der gängigen Präsentationswege unsere ästhetischen Vorstellungswelten, um den Spielrahmen für unsere notwendige künstlerische Entfaltung Bild um Bild, Wort für Wort, behutsam zu erweitern.

Und eines war allen von uns vollkommen klar: Nichts in diesem kleinen Land blieb unbeobachtet, wo sich fünf oder zehn, zwanzig oder hundert Leute trafen, war ein Informant der Stasi dabei und schrieb gewissenhaft seine Meldung.

Johannes und David konnten endlich zusammen in den christlichen Kindergarten gehen. Statt des üblichen AA-Topf-Appells im staatlichen Kindergarten erzählte man hier biblische Geschichten, man bereitete mit großer Sinnlichkeit das Osterfest vor, zu Weihnachten gab es natürlich das obligatorische Krippenspiel, und statt Fotos von Erich Honecker und Porträts von Marx hingen hier farbenfrohe Kinderbilder an den Wänden.

Als ich vom Labor nach Hause kam, begrüßte mich Marion halb freudig verwirrt. Sie war heute beim Frauenarzt gewesen, sagte sie mir, und der hätte festgestellt, dass sie wieder schwanger war.

„Na ja", erwiderte ich etwas kraftlos, „wenn es das Schicksal ebenso will, dann vergrößern wir unsere Familie noch um eine Person, und ich kann noch eine dritte Schwangerenserie fotografieren."

Nur hatten wir jetzt ein anderes Problem: Unsere Wohnung wurde mit einem dritten Kind viel zu klein. Wir mussten versuchen, über den Künstlerverband eine größere Wohnung zu bekommen.

Der Bauch von Marion wuchs schneller als bei den Schwangerschaften der beiden Söhne. Der Termin rückte näher, und ich hatte mit den Renovierungsarbeiten in der neuen Wohnung im Waldstraßenviertel viel zu tun, die wir mithilfe des Künstlerverbandes vermittelt bekommen hatten. Fünf große Zimmer waren zu malern, an einigen Stellen fehlte noch der Putz, neue Wasserleitungen mussten verlegt werden, und für den Atelierraum hatten wir sogar eine Gasheizung genehmigt bekommen.

Dann setzten überraschend am Morgen die Wehen ein. Wir packten die fertige Tasche für die Klinik und fuhren mit Johannes und David auf dem schnellsten Weg los. Marion rief andauernd aufgeregt: „Ich glaube es geht los, fahr doch ein bisschen schneller, wenn du kannst, ich kann das Kind nicht mehr in mir halten."

Mit Müh und Not erreichten wir das Krankenhaus, begleiteten Marion in den Entbindungssaal, und während ich die nötigen Formulare ausfüllte, schlüpfte unsere Tochter Hanna auf dem Vorzimmerstuhl aus Marion heraus, und die Schwestern konnten sie gerade noch im letzten Moment in Empfang nehmen.

Als ich Marions Tasche abgeben wollte, kam mir die Schwester entgegen und drückte mir die Hand: „Sie haben ein kräftiges Mädchen bekommen, Herr Elle!"

In der Experimentalklasse der Hochschule unterrichteten uns Hartwig Ebersbach und Prof. Heinz Wagner. Irgendwie ergänzten sich die beiden. Hartwig Ebersbach animierte uns Studenten, unsere ganze Emotionalität, unsere brennende Suche nach Sinn und Form in all ihrer ungezügelten Potenzialität hemmungslos auszudrücken. Professor Wagner hingegen, Verehrer aller schönen Studentinnen, war ein unnachgiebiger Ästhet alter Schule, der die formalen Gesetze befolgt sehen wollte und der zurecht herummäkelte, wenn man seine zeichnerischen Defizite hinter wilden Gesten zu verbergen trachtete.

Für die Hochschulleitung war es ein mutiger Schritt, eine solche interdisziplinäre Öffnung zuzulassen, denn nach wie vor schauten die Kulturfunktionäre durch ihre stark rotgetönten Brillengläser und wollten keine Abweichungen von den Regeln des sozialistischen Realismus zulassen.

Ich beschäftigte mich intensiv mit dem Übermalen von Fotografien meiner Selbstporträts. Als ich die erste Serie von expressiv überzeichneten Porträts einem kleinen Kreis von Studenten vorstellte, hörte ich von meinem Nachbarn die Bemerkung, dass ich nun auch vom österreichischem Künstler Arnulf Rainer angesteckt worden sei, der mit seinen ekstatischen Fotoüberzeichnungen gerade die internationale Aufmerksamkeit auf sich zog. „Nun ja, Klaus, mach dir keinen Kopf", fügte er versöhnlich hinzu, „irgendwie fangen wir alle unbewusst an, westliche Kunst zu kopieren, weil wir einfach nicht wissen, was auf der weiten Welt aktuell läuft, das ist unser Schicksal."
Diese Äußerung traf mich.
Was ich mit hingebungsvoller Suche und manischer Experimentiererei für mich allein entdeckt zu haben glaubte, eine ästhetische Strategie, um fotografische Bilder mit zeichnerisch-malerischen Mitteln zu subjektivieren, war eben schon von einem anderen Künstler als seine Erfindung etabliert worden.
Und darum ging es doch im Wesentlichen, um im grellen Geflimmer der gesteigerten Aufmerksamkeit ein Alleinstellungsmerkmal zu erlangen: Man musste der Erste sein, der eine neue ästhetische Variante, einen speziellen Stil, ein zeit-reflektives Bildsujet oder eine bisher unbekannte faszinierende Technik erfunden hatte. Dann wurde man Herr Popart, ein berühmter Expressionist oder ein surrealer Dalí. So was wie Fischer Dübel, Steve Jobs, oder Aspirin.

Wie dem auch sei, wir sind wie immer zu spät, wir hängen permanent der internationalen Avantgarde hinterher, weil wir vom wesentlichen Teil des globalen Wissens und den wesentlichen Kommunikationsströmen ausgeschlossen sind, fluchte ich.

Unsere Ostuhren haben einfach einen anderen Takt.

Ich pendle
Hin und her.
Her und hin,
Hinunter
zum Unterbewusstsein, mit wirren Kritzeleien
und den wässrig-farbigen Traumlasuren,
hinauf
zum Bewusstsein,
mit den versilberten Wirklichkeitshäuten, den intelligenten
Solardächern und gepixelten Zukunftsmodellen.
Ich schwinge im Rhythmus meiner Möglichkeiten
und erweitere meinen Kreis.

Trotzdem war der Beginn der achtziger Jahre wie ein munterer Frühlingswind, der die Scheuklappen unserer sozialistischen Staatslenker ein wenig zum Flattern brachte. Aus dem Westen kamen verhaltene Töne von Annäherung und Anerkennung, dickleibige Diplomaten und Politiker fädelten Milliardenkredite ein, die Supermächte Amerika und Sowjetunion gingen aus pragmatischen Gründen aufeinander zu und unterzeichneten notwendige Rüstungsabkommen. Gorbatschow lag in der Luft, und auch wir waren der guten Hoffnung, dass diese behutsame Dosis globaler Entspannung wie ein homöopathisches Mittel auf die ewig verkrampft agierende Parteielite einwirken könnte und statt der Zunahme von ideologischem Altersstarrsinn sich ein wenig Weisheit in die Herzen und Hirne der Mitglieder des Zentralkomitees der SED einnisten könnte.

Nach dem gemeinsamen Abendbrot schaute mich Erasmus vielsagend an, zögerte ein wenig, holte tief Luft und meinte dann endlich, er und Jette hätten einen Ausreiseantrag gestellt. Sie hätten sich alles gut überlegt, hier sähen sie einfach keine Perspektive mehr. Sie fühlten sich immer mehr eingeengt, ihre Chancen mit der Kunst voranzukommen, im Osten eine Galerie zu finden seien so gut wie null. Sie wären noch ungebunden, ohne Kinder und ewig auf ein Wunder zu warten, das hätte keinen Sinn, schloss er. Schweigen.
Es täte ihnen am meisten leid wegen der Freunde, die sie hier zurücklassen mussten, ergänzte Jette.
Ich sagte: „Ja, das kann ich nachvollziehen", denn dieser Gedanke, von hier wegzugehen, spukte einem wie ein lebenslanger Quälgeist durch den Kopf. Vielleicht blieb man eben nur aus Feigheit, aus Bequemlichkeit, aus Angst vor der Fremde, aus Pflicht, aus eingeimpfter Anpassung oder weil man zwanghaft überzeugt war, einer besseren Sache zu dienen.
„Diese Mauer ist unfair zu uns", sinnierte ich vor mich hin, als sie schon gegangen waren. „Die Mauer stellt uns ausweglose Fragen, und wie wir sie auch beantworten, es bleibt ein fader Geschmack von Schuld und Ohnmacht zurück."
Schuld zu gehen und die anderen im Stich zu lassen.
Schuld zu bleiben und das Wagnis des Fortgehens ohne Wiederkehr verpasst zu haben.

Dazu diese mächtige Ohnmacht, sich trotz alledem entscheiden zu müssen.
Aber gleichzeitig erfasste mich auch eine bodenlose Wut.
Wut, dass beide diesen Schritt nun wirklich tun wollten.
Wut über all die Einsamkeit, die noch kommen würde.
Wut, dass immer mehr Menschen gingen, mit denen man hoffte, hier im Osten etwas Neues beginnen zu können.

Die Wohnung von Judy mauserte sich zu einer richtigen, kleinen Galerie. Scheinbar duldete man von staatlicher Seite dieses illegale Handeln, vielleicht dachten sie, es ist besser an einem solchen überschaubaren Ort das Geschehen aufmerksam zu kontrollieren, wo das alles noch hinführt, wer sich da versammelt und was für Projekte diskutiert werden, denn den Laden dichtmachen, können wir ja zu jeder passenden Gelegenheit.
Judy fand aber bald ein leeres, baufälliges Produktionsgebäude in der Nähe, und da er als Privatperson keinen Gewerberaum anmieten durfte, um eine Galerie daraus zu machen, tat dies ein befreundeter Verbandskünstler und deklarierte den Raum als sein Atelier.
Der verwahrloste, große Innenraum wurde entrümpelt, man strich die Mauern mit weißer Farbe, die kaputte Elektrik wurde repariert, doch was blieb, war dieser Underground-Charme, dieses archaisch Improvisierte, wo die ausgestellten Bilder und Skulpturen keinen vordergründigen Warencharakter bekamen, sondern Ausdruck einer essenziellen Suche nach authentischer Wahrheit waren.
Eigen und Art wollten wir sein und kein uniformiertes Schöpferkollektiv.

Hans arbeitete mit einer interdisziplinären Vereinigung zusammen, die sich „Gruppe 37,2" nannte. Die Gruppe bestand aus Malern, Fotografen, Psychologen, Mathematikern und Musikern, die in einer künstlerischen Parallelwelt versuchten, komplexe wirtschaftliche und gesellschaftliche Abläufe nachzubilden.
Im Prinzip war dies materialistische Alchimie, ein philosophisches Zukunftslabor, um verschiedene Szenarien gesellschaftlicher Entwicklungen durchzuspielen. Bei diesen Performances schauten wir Zuschauer äußerst gespannt zu, ohne wirklich zu begreifen, um was es letztendlich ging und zu welchem Ergebnis das alles führen würde. Es war eher der ablaufende Prozess, der alle faszinierte. Man verfolgte die wilden und teils konstruktiven Malereien auf Tapetenrollen. Unvermittelt ertönten schrille Saxophonklänge, hier und da erfasste man eine kleine Intervention der Aufführenden, es gab flüchtige intensive Gespräche zwischen den Akteuren, man ahnte im Chaos des Geschehens geistige Fixpunkte, herumwabernde kleine Bedeutungskristalle blitzten auf, irgendwie war man mitunter befremdlich inspiriert, und am Ende hingen im ganzen Raum undeutliche visionäre Erkenntniswolken. Das Ganze ein fröhliches Schauspiel fruchtbarer Emergenz.

Hans ging weiter.
Weiter in seinen immer abstrakter werdenden und phantastischeren, materialistischen Denkmodellen. Er turnte kühner, verwegener und ruheloser auf seinem philosophischen Hochseil, das er weit oben, über unserer östlichen Realität gespannt hatte.
Irgendwann ging er dann zu weit, dass ihm kaum noch seine wenigen Freunde folgen konnten, geschweige denn die Funktionäre aus den Kulturabteilungen, und er stürzte, fiel, flog, ging, entkam

mit zwei Koffern voller verwegener Ideen über die Mauer nach Westberlin.
Man erzählte sich später die wildesten Geschichten über ihn. Er würde nur noch saufen und kiffen und hätte sich nackt auf den Kudamm als lebende Skulptur gestellt, um das verlogene kapitalistische Gesellschaftssystem zu provozieren. Andere hatten gehört, er würde in London sein und in einem halbfertigen Neubau zusammen mit Obdachlosen campieren.
Seine Leipziger Freundin Sabine folgte ihm etwas später nach. Sie landete irgendwann in einem Ashram in Indien, vermeldete die Gerüchteküche, klaute die Sektenkasse, und niemand hatte seitdem eine Ahnung, wo sie sich jetzt aufhielt.

Die Mitarbeiterin auf dem Steueramt war eine füllige Frau, mit einem großen Herz für die kreativen Steuerzahler. „Herr Elle", sagte sie, „das ist aber wirklich das letzte Mal, dass ich die fehlenden Angaben in ihrer Erklärung ausfüllen werde." Ich stellte ihr wie immer eine Packung Jacobs Kaffee, eine Flasche Asbach Uralt und eine kleine Grafik auf den Schreibtisch. „Ach, ihr Künstler", seufzte sie, „ihr habt eben kein Talent zur Steuer."

Mein erster und letzter Auftrag, den ich vom Kulturamt Nordost bekam, sollte die künstlerische Ausgestaltung der Betriebsräume des VEB Geophysik sein. Der Betrieb suchte nach verborgenen Bodenschätzen, erstellte geologische Profile und machte Tiefenbohrungen in der Erde.
Im ersten Gespräch schilderte mir der Kulturdezernent in glühenden Farben das weite Arbeitsfeld des VEB Geophysik. Ich könnte die unterschiedlichen Erkundungen zu Erde, zu Wasser und zu Luft dokumentieren. Man könnte die moderne sowjetische

Technik zeigen, das Engagement der Werktätigen unter schwierigsten klimatischen Bedingungen zu guten Arbeitsergebnissen zu kommen. Bei der nächsten Sitzung mit der Betriebsleitung teilte man mir mit, dass die Erkundung zu Wasser im Grenzgebiet zu Schleswig-Holstein in der Ostsee stattfinden würde und ich dafür keine Erlaubnis bekäme. Die Arbeit aus der Luft mit einem Hubschrauber wäre mit militärischen Geheimnissen verbunden, und die Arbeitsausflüge nach Sibirien könnten nur mit den sowjetischen Behörden abgesprochen werden.
„Das verstehen Sie doch, Herr Elle?"
So blieb nur die Druckwellenmessung nach Erdöl- und Kohlelagerstätten am Rande der polnischen Grenze für mich übrig.

Die ganze vorherige Woche hatte es geregnet, als ich im spärlich hochgewachsenen Kiefernwald in der Nähe von Cottbus eintraf. Am Waldrand standen ein paar angerostete Container, darum gruppierten sich graue Bauwagen. Die Messstationen waren in zwei älteren sowjetischen Armee-Lkws eingebaut.
Am Morgen ging ein Arbeitstrupp in die schlammige Landschaft und verlegte hunderte Meter farbiges Kabel zu verschiedenen Messsonden. Dann fuhr ein braungrüner Lkw mit einer Art überdimensioniertem Gummihammer eine Linie ab und wummerte in einem bestimmten Abstand diesen Gummihammer auf die Erde. Diese Erschütterungskurven wurden dann aufgezeichnet.
Die Arbeiter, die hier draußen tätig waren, waren rustikale Typen, abends wurde gesoffen, tagsüber Leitungen verlegt und gebumst. Die interessanten Bildmotive für mich waren die farbigen Kabel im braunmorastigen Boden und die Charakterköpfe der Arbeiter. Einige Wochen später zeigte ich meine Bilder der Betriebsleitung,

dem Parteisekretär und dem Kulturdezernenten, die in einem Halbkreis um mich saßen.

Totenstille.

Als Erstes fragte mich der Parteisekretär, wo denn die moderne sowjetische Technik zu sehen sei.

Ich sagte, außer ockerlackierten, langweiligen Messapparaturen in ausgemusterten Armee-Lkws gab es da nichts Aufregendes zu fotografieren.

Aber wo wären denn meine zukunftsfreudigen Bilder der Werktätigen, hakte der gereizte Werkdirektor nach.

„Ich kann doch nur das abbilden, was ich dort gesehen habe", antwortete ich. Mühsames Kabelrollen im aufgeweichten Boden, eintöniges Aufzeichnen der Daten und abends saufen im Clubraum, das wäre dort der normale Alltag.

Aber Gott verdammt noch mal, weshalb hätte ich denn nicht einmal ein lockeres Gruppenporträt fotografiert, polterte der technische Leiter.

Ich dachte, es sollte ein interessantes Kunstprojekt werden, erwiderte ich, und keine Amateurfotos für die Betriebszeitung, denn diese Fotos hätten sie doch lieber selbst machen können.

„Nehmen Sie bitte draußen Platz", murmelte einer aus der Runde, „wir beraten kurz, wie das Projekt weitergehen soll."

„Herr Z. von der Kulturabteilung hat uns ihren künstlerischen Ansatz noch einmal erläutert", begann der Parteisekretär in offiziellem Ton an mich gerichtet zu sprechen. „Wir glauben", verkündete der untersetzte Mann mir, „dass andere Künstler besser unsere Vorstellungen realisieren können. Ihre Fotos sind völlig ungeeignet, den enormen Wert dieser schweren Arbeit zu illustrieren, das ist keine Kunst, die die Köpfe und Herzen der Menschen bewegt."

Trotzdem werde man mir die Hälfte der vereinbarten Summe überweisen, an meinem Bildmaterial bestände von ihrer Seite kein Interesse.

Die Galerie Eigen + Art war zu jeder Eröffnung brechend voll. Es wurden originalgedruckte Kunstpostkarten als Einladung verschickt und das reichte. Die Leute kamen aus Dresden, Halle und Berlin angereist. Man diskutierte und stritt über ästhetische Haltungen. Kunst war kein Luxus, sondern eine lebenserhaltende Maßnahme, sie war unser Grundnahrungsmittel und zugleich Hostie am Altar des allgegenwärtigen Mangels.
Zu meiner Ausstellung inszenierte ich eine Dunkelkammerrevue. Die Fotos wellten sich gefährlich an den feuchten Wänden. Es war kalt, und wenn ich in der Woche Aufsicht hatte, heizte ich zu Beginn den Kanonenofen und machte Kniebeugen, damit meine Eisfüße etwas wärmer wurden.
Wir fragten uns: Wie lange wird das hier noch gut gehen? Was werden die Informanten der Stasi in ihre Dossiers schreiben, und wer sind nur diese Leute?

Die Ausreise von Erasmus und Jette wurde genehmigt. Natürlich hatten sie ihre Kisten schon im Keller stehen und packten nun eifrig ein. Jette schenkte uns ein Ölbild zur Erinnerung. Wir verabschiedeten uns vor der Wohnung, riefen durchs Treppenhaus: „Schreibt bald mal, wie es euch geht!", und sie riefen zurück: „Wir treffen uns bestimmt nächsten Sommer bei den Tschechen!"

Christoph Tannert stand urplötzlich mit seinem berüchtigten breiten Lächeln und einem Armeerucksack auf dem Rücken vor unserer Tür. Sein Rucksack war gefüllt mit hellbraunen Faltpapierrollos, von denen er eins rausholte und es mir in die Hand drückte.

„Hör zu, Klaus", begann er wie immer in Eile. „Wir machen ein multimediales Projekt an einem Wochenende in einem Kulturhaus in Coswig. Die Wände werden in altbekannter subversiver Art mit diesen Rollos behangen. Zuvor musst du natürlich das hier bearbeiten, denk dir was aus, es machen noch viele andere Künstler mit, in vierzehn Tagen hole ich das wieder ab. Die Rollos bleiben dann bei mir."

Marion kannte Christoph, den ehemaligen Sängerknaben, Punkpoeten und wortgewaltigen Eröffnungsperformer, aus eigener Erfahrung und meinte zu mir: „Dieser clevere Seiltänzer im Zirkuszelt des sozialistischen Realismus ist wieder mal dabei, mit List und Geschmeidigkeit das System zu unterlaufen und ganz nebenbei seine private Kunstsammlung zu vergrößern."

Mittlerweile griff das Ausreisefieber wie ein unerbittliches Virus um sich und wütete in unserer engsten Umgebung. Im Dienstagskreis hatten Ilona und Arno zu unserer aller Überraschung die Ausreise beantragt. Ilona war früher in der Partei gewesen, ihr Unternehmungsgeist, ihre Spontaneität hatten uns alle jedes Mal angesteckt und nun auf einmal diese Entscheidung.

Gute Bekannte aus der Jazzszene folgten. Was sollte jetzt aus dem Jazzfestival werden, fragten wir uns. Vor dem Nebenhaus stand ein Möbelwagen und packte antike Möbel ein. Der Künstler und Filmemacher Dammbeck und seine Frau saßen auf gepackten Koffern und warteten. Wer war der Nächste, und wie lange würde er warten müssen, war die große Frage.

In Berlin gingen Freunde weg, in Karl-Marx-Stadt und Cottbus. Es wurde langsam bedrohlich leer. Man fragte sich bei jedem Treffen halb verzweifelt, halb ängstlich und hilflos: „Wollt ihr auch gehen, oder bleibt ihr noch eine Weile?"

Auf einer Geburtstagsfeier in unserer Wohnung war Wolfgang Stemmer, ein Galerist aus Bremen, unter uns. Er sagte halb spöttisch nach unserer ganzen erregten Ausreisediskussion: „Na, und wohin wollt ihr dann ausreisen, wenn ihr feststellt, dass es bei uns genauso verlogen ist, dass das Geld alles beherrscht und dass der knallharte Konkurrenzkampf auf Dauer echt an die Substanz geht? Das einzige Beneidenswerte an eurer Situation ist doch, ihr habt wenigstens noch schöne Illusionen im Kopf, die wir schon lange nicht mehr haben. Kommt doch am besten alle rüber, ihr naiven Phantasten, vielleicht werden dann alle unsere Träume wahr."

David hatte seit Wochen Bronchitis. Besonders im Winter ging sie kaum weg. Neunzig Prozent der Menschen heizten mit Briketts, und bei nebligem Wetter schmeckte die Luft nach Ruß und ein bisschen nach Aspirin. Alles Inhalieren und alle gute Medizin half nichts, David hustete sich die Seele aus dem Leib. Unser befreundeter Arzt meinte, am besten ihr würdet von hier weggehen, das wäre für ihn die hilfreichste Therapie.
„Ihr wisst doch auch", fügte er an, „die Leipziger Luft ist tödlich."

Fritz aus der Schweiz besuchte jedes Jahr den wilden Osten, den er irgendwie liebte. „Hier ist echtes Abenteuerland", sagte er schelmisch auf Schweizerdeutsch. Ihn interessiere die DDR mehr als New York oder Paris. Hier in diesem abgeschlossenen gesellschaftlichen Versuchslabor konnte man noch authentische Dinge entdecken. „Hier waren die Menschen noch Originale", philosophierte er weiter, „so, wie Eingeborene in einem verwunschenen Land, wo die Zeit stehen geblieben war." Das interessierte ihn als Volkskundler und als unangepasster Freak. Für ihn waren wir herrliche Mutanten im Herzen Europas.

Fritz kam meist mit einem halb zerschlissenen Rucksack, in dem war mit Sicherheit eine Kamera, ein vollgekritzeltes Notizbuch, eine abgewetzte Schatulle mit Schweizer Franken und ganz wichtig, sein zerbeulter Reisepass. Wenn wir ihn am Bahnhof abholten, wussten wir nie so recht, mit welcher eigenwilligen Haarfrisur er aus dem Zug steigen würde. Mal waren die Haare extrem lang als Zopf geflochten, dann hatte er sich am ganzen Körper enthaart und sah aus wie ein Höhlenmolch, dann war nur die linke Kopfseite abgeschoren, und manchmal hatte er einen kleinen, gezackten Bart. Er wechselte permanent seine Haarfrisuren wie modebewusste Frauen ihre Garderobe. Der DDR-Zoll hielt ihn wahrscheinlich für einen ungeschickten Terroristen, denn ohne ausführliche Kontrolle durfte er nie einreisen.

Im vergrauten Schnee des Februars machten wir zusammen einen Fotoausflug ins nahe Leipziger Umland. Wir fuhren über Espenhain, wo sechsunddreißig Schlote ungefiltert ihren Ruß seit über fünfzig Jahren in die Luft bliesen und das nette Straßenschild, „Vorsicht Industrienebel", den Autofahrer begrüßte. Wir stolperten über große Tagebauflächen, beobachteten die alterslosen Wesen in ihren dunkelblauen Arbeitsklamotten, wie sie stumm und apathisch auf ihren Mopeds vor der Ampel standen. Wir tangierten Bitterfeld, Leuna, machten Fotos vom verseuchten Silbersee, und fast wie im Drehbuch für einen düsteren, sozialkritischen Weltuntergangsfilm fanden wir am Schluss dieses Tages eine zerstückelte Leiche, wo sämtliche Einzelteile surreal verstreut auf den Bahngleisen herumlagen.

Zuletzt entdeckten wir den eingefrorenen abgetrennten Kopf, der aussah wie eine gruselige Fratze, die nach dem Sinn unserer mysteriösen Existenz fragte.

„Mein lieber Mann", keuchte Fritz, „so was kriege ich in der Schweiz nicht geboten."

Jette und Erasmus schickten uns ein Farbfoto aus Hamburg. Sie standen lässig mit Freunden am Elbufer, im Hintergrund fuhr gerade ein riesiges Containerschiff vorbei. Sie hatten eine Wohnung in St. Pauli gefunden, Jette bemalte Porzellan neben ihrer expressionistischen Malerei, und Erasmus hatte bereits ein paar Fotoaufträge bekommen.

Während des Ausstellungsaufbaus in der Berliner Galerie Baumschulenweg erschien ein Vertreter vom Kulturamt und machte sich stumm Aufzeichnungen zu meinen Arbeiten. Er blieb vor einigen Bildern länger stehen, zog die Augenbrauen zusammen, schnaufte bedenklich, trat auf mich zu und meinte, das wäre eine der schlimmsten Ausstellungen, die ihm hier je unter die Augen gekommen sei. Ihm wäre vollkommen unverständlich, wie ein junger, scheinbar begabter Künstler zu solchen schrecklichen, ästhetischen Ausgeburten gelangen konnte. Wenn heute Abend nicht die Eröffnung wäre, würde er diese Ausstellung verbieten lassen. Er rief den Galerieleiter an, und der sagte mir peinlich berührt, ich hätte heute zur Eröffnung Redeverbot, es tue ihm leid.

Ich saß mit Marion in der Küche am Tisch, und beide hatten wir das Gefühl, dass die Luft für uns immer dünner wird. Es schien alles immer aussichtsloser zu werden. Jetzt hatte ich Ausstellungsverbot in Berlin, und wahrscheinlich wurde das noch ausgedehnt. Meine Jobs wurden immer weniger. Die Freunde und guten Be-

kannten gingen scharenweise. Sollte man sich aufs Land verziehen und das Leben dort aussitzen?
Oder vereinsamt kämpfen, für sein Recht auf Ausdruck der eigenen Befindlichkeit? Würde die alternde Staatsclique immer unberechenbarer, brachialer werden, oder gab es wirklich noch Chancen für eine zögerliche Öffnung?
Sollten wir auch gehen, oder sollten wir lieber bleiben?

Die Verkäuferin im Kunstgewerbeladen nahm mir den Stapel selbstgenähter T-Shirts ab und fragte, wann ich die nächste Lieferung vorbeibringen könnte. „Wir arbeiten erst mal für den nächsten Markt, da gehen unsere Sachen im Moment supergut", erwiderte ich, „es wird noch ein bissel dauern mit frischer Ware."
Auf meinem Rückweg ging ich auf den Hinterhof einer Bekleidungsfirma, mitten im Stadtzentrum, weil da immer mittwochs ein prall gefüllter Sack mit Webresten stand, aus dem ich mir Teile für unsere T-Shirts herausholte.
„Hoffentlich sieht mich jetzt niemand", dachte ich, zerrte die bunten Restestücke aus dem großen Sack und steckte sie in meine Plastiktüte.
Zu Hause färbte Marion Bettlaken in der Waschmaschine und schnitt dann Teile für unsere T-Shirt-Produktion heraus. Ich spritzte mit der Air-Brush-Pistole und zeichnete als Nächstes mit Stoffmalfarbe die Motive auf den Stoff, die ich zuvor auf den Pullovern und Shirts der Tagesschausprecherinnen gesehen hatte.
Der Renner unserer Übergangs-Modeproduktion war seit Langem das Motiv eines zähnefletschenden Löwen mit Glitzeraugen.

Anfang August wollten wir mit den Kindern Ferien in der ČSSR am Lipno-Stausee machen. Der etwas klapprige Wartburg Tourist wurde mit zwei Zelten, Luftmatratzen, Kochgeschirr, Steppdecken und Campingartikeln beladen und dann machten wir uns voller Freude auf die längere Fahrt. Den möglichen Umtauschsatz von DDR-Mark zu Kronen hatten wir voll ausgenutzt und zur Not hatte ich noch fünfzig D-Mark in meinem Portemonnaie versteckt.

An der Grenze gab es keine längere Wartezeit, wir erreichten am frühen Abend den Zeltplatz in der Nähe vom Wasser, bauten schnell die Zelte auf, kochten eine Suppe, die Kinder tobten munter umher und dann verschwanden wir bald zum Schlafen in den Zelten. Am nächsten Morgen hörten wir im Radio, dass von Österreich eine heftige Gewitterfront heranzog mit Starkregen und orkanartigen Windböen.

Drei Stunden später wurde der Himmel dunkel, Sturmböen fegten durch den Wald, und das Wasser im See kräuselte sich bedrohlich. Dann prasselte der Regen plötzlich mit Urgewalt herunter, quirlige Rinnsale sprudelten zwischen den Bäumen hindurch, über den Zeltfunk hörten wir, dass alle sofort ihre Plätze räumen mussten. Wir bauten in affenartiger Geschwindigkeit die Zelte ab, hauten alles feucht und unverpackt in den Kofferraum und fuhren planlos erst mal weg. Die Autoräder drehten im Schlamm durch, Marion und Johannes schoben und drückten von vorn am Auto, wurden von Schlammfontänen völlig eingesaut, und endlich schafften wir es auf die Straße. Es goss in Strömen, und am nächsten Berg fing plötzlich der Motor an zu stottern. Mit Ach und Krach tuckerten wir weiter, und ich sagte der Familie, dass wir unbedingt zu einer Werkstatt müssten. Unter Puffen und Krachen erreichten wir den nächsten, größeren Ort, der sogar eine kleine Werkstatt hatte. Es war Freitag kurz vor Mittag, ich erklärte halb pantomimisch, halb englisch, dass wir ein Problem mit dem Motor hätten und ob sie nicht mal als Notfall unser Auto schnell anschauen könnten. Der

Monteur sah das Ostkennzeichen, lächelte ungelenk, machte eine wegwerfende Handbewegung und sagte bruchstückhaft: „Ich keine Zeit", drehte sich um und verschwand in der Werkstatt.
Der Regen wurde weniger, auf gerader Strecke konnten wir wieder weiterfahren, ich suchte die Strecke zur nächsten, größeren Stadt in Grenznähe, dort wollten wir unser Glück weiter versuchen.
Wir fanden auch noch zwei weitere Autowerkstätten, aber sobald sie den Wartburg erblicken, schüttelten unsere sozialistischen Freunde den Kopf und ließen uns wortlos stehen.
Keiner schaute zumindest mal unter die Kühlerhaube, wir waren echt deprimiert. Beim letzten Versuch bot uns der Monteur an, dass er uns bis zum DDR-Übergang mit seinem Abschleppwagen transportiert, ich dürfte mit, aber der Rest der Familie müsste im Taxi hinterherfahren. Natürlich wollte er die Kosten sofort in bar bezahlt haben. Am Ende war fast das ganze Urlaubsgeld weg und ohne die fünfzig Mark West würde er das gar nicht machen, sagt er in gebrochenem Englisch.
Da standen wir also am Nachmittag wieder an der Grenze zur geliebten DDR, der Regen hatte aufgehört, die Grenzstation war oben auf dem Berg und so rollten wir knatternd den Berg in die Heimat hinunter. Und als ob uns das Schicksal noch ein wenig besänftigen wollte, fanden wir am Stadtrand eine geöffnete Werkstatt, der Meister hatte ein großes Herz, sah unsere stille Verzweiflung, ließ sich überreden, den Motor zu untersuchen, fand schnell den Fehler in der Zündung, berechnete uns dreißig Mark, und als er unsere Erzählung hörte, meinte er, wir Ossis seien eben nirgends richtig willkommen.

Einen unserer Freunde hatte man zu unserer aller Überraschung eine Reise nach Wuppertal zu seiner Stiefschwester zur silbernen

Hochzeit genehmigt. Als er nach einer Woche wieder zurück war, erzählte er fassungslos: „Wisst ihr, was das Allerverrückteste ist? Wenn man über die Grenze fährt, sieht das Gras irgendwie grüner aus!"
Die anderen riefen gleichzeitig, wie aus der Pistole geschossen: „Mensch, du spinnst doch!"
Aber er blieb felsenfest bei seiner Meinung.
„Meiner Überzeugung nach liegt das an der Energie, die in jedem Land herrscht. Die Pflanzen drücken das bloß auf ihre Art aus", argumentierte er. „Bei uns ist eben alles grau. Grauer Alltag, graue Einheitsmasse, graue Luft, graue Hoffnungen."

An der Eingangstür zur Galerie Eigen + Art hing ein loser Zettel mit dem sinngemäßen Wortlaut: Wir möchten allen unseren Freunden und Bekannten mitteilen, dass wir unsere Ausstellung nicht mehr realisieren können, da wir im Moment unsere Sachen für unsere Ausreise packen. Herzlichst Lutz Dammbeck und Karin Plessing.

In all unserer konfusen Stimmungslage begann ich meine Serie „FOTO-BIO-GRAFIE". Noch einmal reproduzierte ich unsere alten Familienfotos und fing mit einer erhöhten Intensität an, dieses Material erneut zu befragen.
Wie und wo finde ich die verborgenen Fahrstuhlschächte zu meinen verlorenen Erinnerungsgewölben?
Was haben meine Eltern und Großeltern wirklich während des dritten Reiches und im Krieg erlebt, und warum können und wollen sie nicht mehr darüber sprechen?
Wie ist dieses deutsche Trauma in mein eigenes Leben gesickert,

Fototagebuch Ausreise Leipzig

Dezember 1987/Januar 1988 (Auswahl aus einer umfangreichen Dokumentation)

oben Die Listen aller Umzugssachen in fünffacher Ausfertigung tippen

unten Umzugskisten im Keller

oben Hanna in der Küche
unten Schlafzimmer in der Fregestraße

oben Wartezimmer vorm Einwohnermeldeamt in Leipzig-Mitte
unten Frühstück vor der Abfahrt nach Hamburg

oben Abfahrt zum Leipziger Hauptbahnhof
unten Freunde begleiten uns zum Bahnsteig

oben Verabschiedung am Zugfenster
unten David spielt Karten im Abteil

Der Zug verlässt den Leipziger Hauptbahnhof in Richtung Hamburg

Wir fahren über die innerdeutsche Grenze

oben Eine Helferin vom Roten Kreuz reicht uns Tee bei der Ankunft im Westen
unten Einige alte Freunde aus dem Osten begrüßen uns auf dem Bahnsteig in Hamburg-Dammtor

Fototagebuch Ankunft in der Bundesrepublik
Januar/Februar 1988 (Auswahl aus einer umfangreichen Dokumentation)

Grenzdurchgangslager Friedland

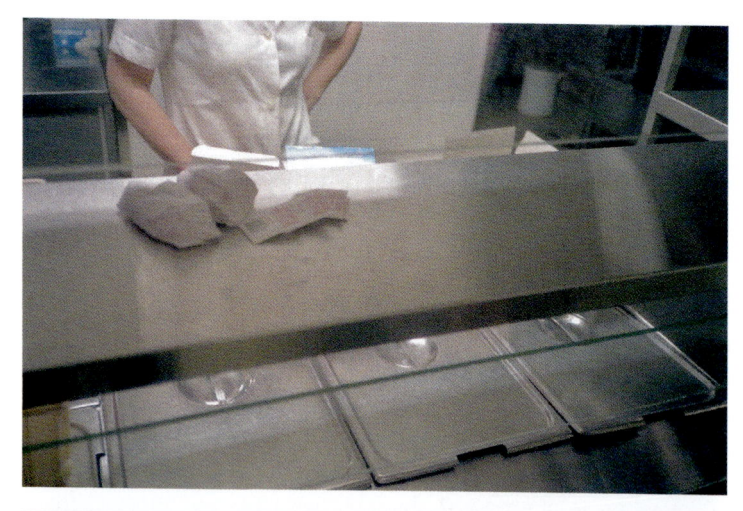

Grenzdurchgangslager Friedland

oben Grenzdurchgangslager Friedland, Frühstück
unten Einwohnermeldeamt Hamburg

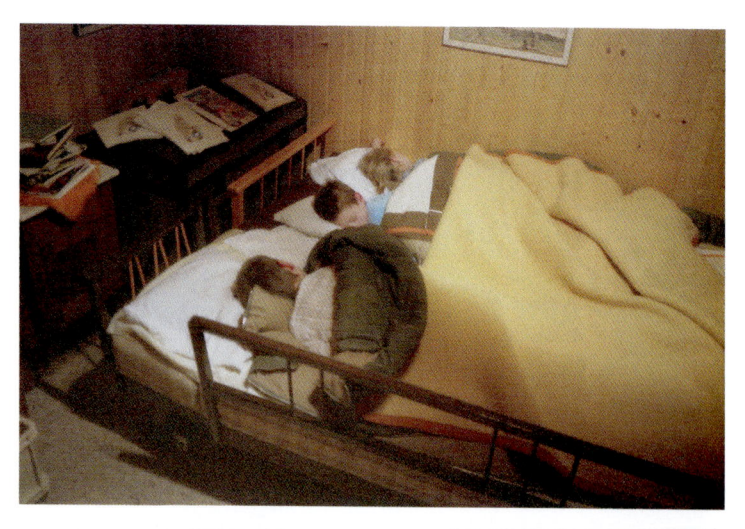

oben Unterkunft bei Bekannten im Keller in Dülmen
unten Marion in der Küche in Hamburg

oben Frühstück bei Freunden
unten Übergangswohnung in Dülmen

oben Auf dem Dach des Europa-Centers, Berlin
unten Umzug von Dülmen nach Hamburg

oben Kleiderkammer in Hamburg

unten Johannes, David und Hanna schauen das Kinderprogramm

oben Badevergnügen der Kinder
unten Bahnhof in Berlin

und warum geistern dort oft diese Albträume und wirren Phantasien herum?
Was habe ich aus meinem ostdeutschen Schicksal zu lernen?
Wie bewusst muss ich dieser gesamtdeutschen Blindheit begegnen, damit ich im Alter selbst nicht kurzsichtig werde?
Stundenlang sitze ich wie magnetisiert vor diesen fotografischen Erinnerungsoberflächen und kritzle, schreibe, schmiere, wüte, erstarre mit meinen Zeichenstiften über diese verwunschenen Bildoberflächen.

Es gab viel Streit, weil ich mich weigerte, eine Entscheidung zu treffen.
Bleiben oder gehen.
Ja oder nein.
„Ich weiß, du triffst nicht gerne Entscheidungen, außer in deiner künstlerischen Parallelwelt!", warf mir Marion vor.
„Du hast Recht, aber ich habe Angst, eine solche endgültige Entscheidung zu treffen", erwiderte ich kraftlos.
„Was soll denn aber noch passieren, ehe du munter wirst", drängte mich Marion. „Du kannst bald nirgends mehr ausstellen, Jobs bekommst du, und ich auch, keine mehr, fast die meisten unserer Freunde sind weg oder sitzen auf gepackten Koffern, wir müssen bald eine Entscheidung treffen, oder wollen wir die nächsten Jahre nur noch T-Shirts mit Löwenköpfen produzieren? Zudem ist ein Schulwechsel für unsere Kinder jetzt noch viel besser zu verkraften als in ein paar Jahren", fügte sie mit müdem Ton noch hinzu.
„Du hast Recht, Marion", dachte ich still für mich, „aber es ist so verdammt schwer, etwas zu entscheiden, wenn es dann kein Zurück mehr gibt."

Ein Freund brachte uns nach fast einjähriger Wartezeit ein paar Ersatzteile für unser angerostetes Auto vorbei.
Sollten wir es überhaupt noch reparieren lassen?

Die Kinder liebten die vielen Rundgänge im Zoo.
Sie zeigten aufgeregt zu den bunten Fischen im Aquarium. Beobachteten die Affen, wie sie sich um ihre Äpfel und Bananen balgten.
Kreischten vor Freude, wenn die Elefanten ihre langen Rüssel über den Graben streckten und versuchten, ein Stück Brot zu erwischen.
Die Eisbären taten ihnen immer leid, wenn sie im heißen Sommer neurotisch den Kopf in ihrer viel zu engen Steinburg hin und her bewegten.
Ich schaute oft bedrückt zu dem großen Vogelkäfig, wo die Adler träge auf den kahlen Ästen saßen und nur eine jämmerliche Runde zu ihrem Futterplatz fliegen konnten.

Felix hatte uns eine Vorlage für einen Ausreiseantrag mitgebracht. Sie lag schon einige Tage auf meinen Schreibtisch.
Dann setzten wir uns zusammen ins Arbeitszimmer, und ich tippte unseren Antrag auf mein Briefpapier.
Die Adresse hatten wir von der Vorlage übernommen.
Ich ging zur Post, stellte mich in die Reihe und sagte der Frau am Schalter, sie solle den Brief per Einschreiben mit Rückantwortkarte fertigmachen.
Sie schaute mich forschend an, als ob sie wusste, was in unserem Brief drinstand, und wollte mir vielleicht sagen: „Mensch, Junge, habt ihr euch das wirklich genau überlegt?"

Ich lief nach Hause und sagte Marion, dass ich den Brief abgeschickt hatte.
Sie sagte nichts, nickte und ging aus dem Zimmer.
In der Nacht wurden wir beide fast zur gleichen Zeit munter, uns raste das Herz, wir waren schweißgebadet und hatten Angst.
„Vielleicht sperren sie uns ein", dachten wir.
Vielleicht nehmen sie uns die Kinder weg und stecken sie ins Heim.
Vielleicht müssen wir etliche Jahre warten und werden vollkommen kaltgestellt.
Vielleicht war es falsch, den Brief abzuschicken.
Vielleicht schaffen wir es da drüben im Westen nicht.

Zu spät, wir können den Brief mit dem Ausreiseantrag nicht mehr zurückholen.

Denk dir eine Welt und mache die Tür hinter dir zu.
Verlass Vater und Mutter und zerbrösele deine biografischen
Hostien im Rucksack deiner Anpassung.
Fahren, fahren, wegfahren.
Kommen, kommen, ankommen.
Reisen, reisen, ausreisen.

HASTIGER ABSCHIED

Es war einer dieser aschfeuchten Januartage, wo das Licht die Stunden nur zaghaft erhellte. Die Luft hatte jetzt besonders ihren pelzigen Geschmack, der je nach Windrichtung einmal nach Fisch oder nach übelschmeckender Arznei auf der Zunge lag. Aus tausenden Schornsteinen quoll dicker Rauch in den bedeckten Himmel. In den Gemüseläden lagen verschrumpelte Möhren und Weißkrautköpfe, im Radio feierte man wieder irgendeinen Sieg der sozialistischen Idee.
Wir saßen mit den Kindern am Küchentisch und tranken Kaffee. Es klingelte, ein Bekannter stand vor der Tür und wollte mich wegen einer Fahrt nach Berlin sprechen. Er hätte über Freunde Kontakt zu Friedens- und Menschenrechtsgruppen, es gäbe da eine neu entstandene Gruppe, die sich mit Fragen der Staatsbürgerschaft befasst und sich natürlich zur Mehrheit aus Ausreisewilligen zusammensetzte. Er hatte einige Adressen mit, Textmaterial einer Umweltgruppe, und es wäre sicher besser, meinte er, wenn wir da gemeinsam hinfahren würden. Vielleicht war dies ein Anstoß, auf den ich innerlich schon lange gewartet hatte. Ich willigte also ein, besprach alles Weitere mit Marion, und so wollten wir am kommenden Sonnabend losfahren.

In monotoner Gleichförmigkeit huschten die Silhouetten der flachen Industrielandschaften am Zugfenster vorüber. Die Leipziger

Tieflandbucht: Delitzsch, Muldenstein, Bitterfeld. Die Namen hatten die Aura ihres vielversprechenden Anfangs verloren. Was blieb, war die zerfallende Fassade nicht eingelöster Versprechen, was blieb, war eine energiespeiende Öde, flankiert von inhaltsleeren Parolen und hohlen Spruchbändern: „Wir gehören zu den Siegern der Geschichte!"

Wir fuhren zu Familie Templin nach Berlin. Die Wohnung glich einem endgültigen Provisorium, überall Kisten mit Büchern, Tische voller Aschenbecher, spärliches Mobiliar.

Doch ich spürte sehr genau, diese Räume waren keine Kulissen selbstgefälliger Zufriedenheit. Das waren Orte für offene Gespräche, hier war eine Atmosphäre für wahrhafte Begegnungen. Die Templins skizzierten grob die Anfänge ihrer Arbeit und erzählten über Aktivitäten einzelner Friedens- und Umweltgruppen. Sie berichteten von ständigen Repressalien seitens der staatlichen Organe gegenüber ihrer Familie, doch lag in ihren Worten auch die Kraft einer tiefen Zuversicht über die Notwendigkeit ihres Tuns.

Am frühen Nachmittag gingen wir dann zur nahen Zionskirche. Noch war niemand zu sehen, nur eine vollgepinnte Plakatwand ließ vielfältiges Engagement ahnen. Langsam versammelten sich einige Leute im Hof. Niemand schien aber wegen der angekündigten Versammlung Genaueres zu wissen. Ein Typ lief mit einem dicken Schlüsselbund geschäftig herum. In einer kleinen Gruppe erzählte man sich, dass der Pfarrer Bedenken hätte, nach all den Auseinandersetzungen mit dem Staat, den großen Gemeindesaal zur Verfügung zu stellen. Irgendwie war es still, es lag eine Spannung in der Luft, das gelöste Lachen fehlte.

Nach einiger Zeit wurde dann doch der große Gemeindesaal aufgeschlossen, man strömte hinein, es war brechend voll geworden.

Vorn gruppierte sich eine Art Versammlungsleitung. Zu Anfang spielte man eine Kassette mit einem Interview des Senders RIAS ab, auf dem ein kürzlich ausgebürgerter Regisseur zu den näheren Umständen seiner Übersiedelung Stellung nahm. Es wurde der Fall einer Frau geschildert, die wegen ihres Ausreiseantrages ihren Job verloren hatte. Man verlas eine Protestresolution gegen die menschenunwürdigen Verhältnisse in Rumänien und erläuterte die geplante Teilnahme an der offiziellen Demonstration zum Gedenken an die Ermordung von Karl Liebknecht und Rosa Luxemburg am 17. Januar.

Im Anschluss daran wurden einige Unterschriftenlisten durchgereicht. Es wurde diskutiert, sachlich, besonnen, ohne provokante Töne. Ich spürte wohl die enge Verbundenheit all der Anwesenden hier, die Solidarität untereinander. Doch ich wusste, sie war trügerisch. Und vor allem: zu spät! Zu spät, denn wir waren Verlorene für dieses Land. Wir kämpften nicht mehr um die Veränderung der Verhältnisse mit der Absicht, sie auch erleben zu wollen. Nein, wir forderten nichts weiter als unser Recht auf Entlassung aus dieser staatlichen Erziehungsanstalt. Wir wehrten uns gegen die ungerechtfertigte Schuldzuweisung, wir seien Verräter.

Dieser Vorwurf entsprach genau dem Verhalten heuchlerischer Elternhäuser, die, statt ihre Kinder bedingungslos zu lieben, den Samen lebenslanger Abhängigkeit in deren Herzen pflanzten und nur durch die kritiklose Unterwürfigkeit ihrer Zöglinge ihr Selbstwertgefühl definieren konnten.

Auf der Rückfahrt waren ich und auch mein Bekannter von unserem Treffen in Berlin sichtlich erregt. Beide verspürten wir einen neuen Tatendrang. Endlich geschah etwas. Wir nahmen unser Schicksal entschlossener in die eigenen Hände und verharrten nicht mehr in der üblichen ängstlich-erstarrten Warteposition.

Aber noch genossen wir die Phase konstruktiver Träumerei und holten uns aus dem Mitropa-Wagen der Reichsbahn ein paar Flaschen Bier zu trinken.

In Leipzig verdichtete sich die Zeit zu einem festen Band gedrängter Ereignisse. Überall schien man fast unbewusst auf ein Signal gewartet zu haben. Wie von selbst nahmen die Dinge ihren Lauf. Man traf sich eilig, kopierte Texte, nahm Verbindungen zu Kirchen und Pastoren auf, verfasste Petitionen und andere Streitschriften. All die unausgesprochenen Worte, die nie gewagten Taten, die Ängste, die unterdrückten Aggressionen bahnten sich notdürftige Kanäle in der Dürre der Sprachlosigkeit.

Ein paar Tage nach unserer Berlinfahrt stand ein untersetzter Mann mit Lederjacke vor unserer Tür und übergab mir eine dringende Aufforderung, dass ich mich am nächsten Tag zehn Uhr, Abteilung Inneres, Zimmer 212, mit Personalausweis einzufinden hätte. Ich rief Mark an und der sagte mir, er habe auch eine Vorladung zur gleichen Stunde erhalten, nur in ein anderes Zimmer. Das System reagierte also, wie zu erwarten war. Am Abend trafen wir uns bei M. in der Wohnung, studierten die DDR-Verfassung, das Strafgesetzbuch, bereiteten uns auf eventuelle Fragen vor. Zu Hause besprach ich mit Marion, was zu tun war, wenn sie mich abholen sollten. Die Nacht war voller Unruhe.

„Nun, Herr Elle, wir wollen uns mit Ihnen mal ganz zwanglos über Ihren Aufenthalt in Berlin in der Zionsgemeinde unterhalten", sagte der etwas bäuerlich anmutende Genosse zu mir; die Ellenbogen breit auf den Tisch gelegt, betont lässig, in einer Art dümmlicher Kumpanei. Ob ich denn viele der dort Anwesenden gekannt hätte, wollte er wissen, über was man noch so geredet hätte, woher ich denn gewusst hätte, dass ein solches Treffen stattfände und vor allem, ob ich denn vorhätte zur Demonstration nach Berlin zu fahren. Schließlich legte man mir eine Belehrung vor, die mich darauf hinweisen sollte, dass ich mit strafrechtlichen Konsequenzen zu rechnen hätte, wenn ich mich an staatsfeindlichen Aktivitäten beteiligen würde, was das auch immer heißen sollte. Ein erster Warnschuss also. Trotz aller Angst und Ungewissheit blieb ich relativ ruhig.

Am Freitag derselben Woche machten wir uns trotzdem auf den Weg nach Berlin, wir wollten zur Eröffnung der ersten umfangreichen Beuys-Ausstellung fahren. Nun, da der Visionär der Moderne tot war, konnte ihn sich die DDR stolz ins Knopfloch stecken. Zu Lebzeiten verweigerte man ihm die Einreise, jetzt musste er herhalten, um die verlogene Toleranz der DDR-Kultur zu demonstrieren. Die ganze Autofahrt nach Berlin verfolgte uns ein dunkelroter Lada mit vier Herren drin. Anfangs wollten wir es einfach nicht glauben, doch schnell wurde diese eigenartige Vorstellung zur Gewissheit. Die Herren der Stasi standen dann unauffällig vor der Ausstellungshalle, tuschelten heimlich in ihre Plastiktüten oder lümmelten weltabgewandt im Auto und spielten die Unschuld vom Lande. In der Gaststätte anschließend bekam Marion Magenkrämpfe. Was für mich vielleicht noch ein absurdes Spiel war, empfand sie bereits als bitteren Ernst. Sie wollte sofort nach Hause zu den Kindern.

In der Dunkelheit der Autobahn hatten die Lichter etwas Verdächtiges. Auf unserer Straße wartete bereits die Stasi in einem Auto, alle Scheiben waren halbmatt beschlagen.

Am Sonntag fuhren einige Bekannte zur Rosa Luxemburg-Demonstration nach Berlin. Sie kamen nicht einmal zum Sammelplatz der Ausreisegruppe. Es gab Verhaftungen, man observierte uns weiter.

Wieder eine Vorladung zur Abteilung Inneres. Man wollte uns einschüchtern.
Einige Tage darauf fand in einer Gemeinde ein Informationsabend zu den Berliner Ereignissen statt, man erwartete einen Referenten aus der Hauptstadt. Der Gemeindesaal platzte aus allen Nähten, so zog man in das kalte Kirchenschiff um, das sich bis auf den letzten Platz füllte.
Ratlosigkeit.
Der Referent traf nicht ein, ein nervös überforderter Mitarbeiter nahm die Veranstaltung in die Hand. Genaueres konnte er den Versammelten auch nicht mitteilen, er spürte die knisternde Anspannung im Raum und mahnte zur Besonnenheit. Im Schutze der Kirche war man gewillt, sich mit den Inhaftierten zu solidarisieren, ihnen zumindest durch Mahnwachen und Unterschriftenlisten beizustehen. Natürlich beunruhigte die Entschlossenheit der Ausreiser die Sesshaften. Man war völlig verunsichert, leider bedurfte es erst dieser Alarmzeichen, um das langsame Ausbluten unseres Landes überdeutlich zu sehen, zu begreifen, wohin dieses stumme Dulden und Schweigen geführt hatte. Die Diskussion spitzte sich zu, die Kirchenvertreter fürchteten, den Missbrauch ihrer Institution durch die Ausreisewilligen, sie sorgten sich um ihre mühsam errungene göttliche Macht in einem atheistischen System, sie bangten um ihre kleinen Privilegien, und sicher war ihre Lage ziemlich kompliziert. Sie hatten abzuwägen zwischen Glauben und Politik, zwischen der seelischen Not von Menschen,

die aus unterschiedlichsten Gründen das Land verlassen wollten und den Ansprüchen der Zurückbleibenden.
Schneeregen fiel lautlos auf den schwarzrissigen Asphalt. Ich fuhr benommen mit dem Rad zurück. Das diffuse blaue Licht der Straßenbeleuchtung glänzte beunruhigend in den kalten Pfützen.

W. rief bei uns an und teilte uns mit, E. habe heute Morgen seinen Laufzettel bekommen, er müsse bis vierundzwanzig Uhr das Land verlassen. Am meisten machte er sich um seinen Kater Sorgen, den er nicht mitnehmen durfte.
Kurz vor Mitternacht standen wir alle auf dem Bahnsteig zum Zug nach Köln. „Wieder einer weniger", dachten wir alle. Die Stasi filmte emsig mit ihren Videokameras, die in Aktentaschen getarnt waren.
Am nächsten Tag erhielt ich wieder eine Vorladung. Man gab mir zu verstehen, dass, wenn ich mich ruhig verhalte, unser Ausreiseantrag positiv entschieden werde. Ich erwiderte, dass ich auch weiterhin im Rahmen meiner Möglichkeiten aktiv sein werde und nur meine mir verfassungsmäßig zustehenden Rechte wahrnehmen wolle. „So versuchen sie also, uns zu spalten", dachte ich draußen, „ködern mich mit verlockenden Versprechungen, rechnen mit dem Egoismus jedes Einzelnen."
Mittlerweile gab es einige aktive Ausreisegruppen. Man verfasste Eingaben, studierte ernsthaft die gesetzlichen Grundlagen, man versammelte sich wöchentlich in der Zionskirche zum Friedensgebet, tauschte da Erfahrungen aus, informierte sich. Alles erschien mir so wirklich, alles war jetzt und auch gleichermaßen nur ein vager Moment.
Montag sieben Uhr klingelte wieder ein Bote. Marion und ich sollten elf Uhr mit unseren Papieren bei der Abteilung Inneres,

Zimmer 343, bei Genosse Gartner erscheinen. Es ging also doch los.

Wie schon die anderen Male vor unseren Gesprächen warteten wir vor dem Dienstzimmer im Stadthaus auf der langen Holzbank. Das metallische Knacken des Türschlosses hallte durch den leeren Gang, Genosse Gartner stand massig mit seinem grauwelligen Haar in der Tür, rief kurz: „Familie Elle". Wir gingen ins Zimmer und setzten uns auf die beiden harten Holzstühle vor seinem Schreibtisch. „Ihrem Antrag zur Übersiedelung in die Bundesrepublik Deutschland ist stattgegeben worden", teilte uns Genosse Gartner mit qualvoller Höflichkeit mit. Es müsse alles schnell abgewickelt werden, wir hätten nur wenig Zeit, um die restlichen Formalitäten zu erledigen. Ich fragte ihn, ob wir nicht derweil die Kinder bei Freunden lassen könnten, er erwiderte darauf, das hätte keinen Sinn, alles ginge jetzt schnell vonstatten. Wir notierten das Notwendigste, erhielten unseren Laufzettel und mussten am nächsten Morgen um acht Uhr wieder da sein.
Wir verließen den Raum wie einen imaginären Gerichtssaal. Man hatte uns von diesem Leben in diesem Land freigesprochen, nun würde bald ein neues beginnen, aber es gab keine Rückkehr, und demzufolge durfte es auch kein Scheitern geben. Wir fühlten nicht die erwartete befreiende Freude, es war eher eine unbeschreibliche Leere in uns, die Ernüchterung der nackten Tatsachen.
In der Jackentasche spürte ich meine kleine Olympus-Kamera, mit der ich heimlich einige Aufnahmen vom Flur des Rathauses gemacht hatte. Ich wollte ein fotografisches Tagebuch von den letzten Tagen im Osten machen.
Marion hielt mich natürlich für verrückt. „Wenn die das bemerken, sperren sie dich wegen Spionage ein, du Vollidiot", schimpfte sie.

Jetzt hieß es, die Gedanken zusammennehmen, Ruhe bewahren und die anstehenden Arbeiten optimal organisieren. Ich musste die Behördenwege erledigen, zur Bank gehen, zum Energiekombinat, zur Versicherung, zum Finanzamt, zur Post, zum Wohnungsamt, zum Notariat, zum Fernmeldeamt, zum Wehrkreiskommando. Das Auto musste verkauft werden, wir mussten Freunde und Bekannte informieren, in Hamburg anrufen, die Kinder von der Schule abmelden, dem Kindergarten Bescheid geben. Ich brauchte noch Fotomaterial, der Wellensittich musste zu den Schwiegereltern geschafft werden und vor allem: Die Kisten mussten gepackt werden! Alles vom Unterhemd bis zum Besteckkasten musste auf nummerierte Listen in fünffacher Ausfertigung getippt werden und zu allem Übel war unser Treuhänder unerreichbar im Skiurlaub, das Auto stand kaputt in der Werkstatt, Marion hatte unentwegt Magenkrämpfe, und die Beruhigungstabletten waren aufgebraucht.

Ich fuhr mit dem Fahrrad zuallererst zur Bank, um unsere Konten aufzulösen, doch sie benötigten auch noch Marions Ausweis. Ich also wieder hin und zurück. Der erste Punkt auf dem Laufzettel konnte abgehakt werden.

Es war kurz nach vier Uhr, die anderen Behörden hatten bereits geschlossen. Aus dem Keller holte ich nun die sperrigen Kisten nach oben, die Kinder rannten aufgeregt durch die Zimmer und wollten sofort eine mit ihrem Spielzeug und ihren Plüschtieren allein packen. „Die Plüschtiere brauchen wir, um das Geschirr abzupolstern", erklärte ich ihnen. Sie waren enttäuscht. Die Mütter waren mittlerweile eingetroffen und tippten die endlosen Bücherlisten, zwei Freunde sortierten mit mir meine Mappen und Bilder, dann waren endlich die Kinder im Bett und schliefen. Zum Nachdenken blieb so gut wie keine Zeit.

Schnell, schnell, beiß der Katze in den Schwanz
und töte die dunklen Gedanken an den Tod.
Verschwinde durch gläserne Datenautobahnen,
lass dich nur nicht vom ZeitGeist überholen!
Du erkennst ihn am Blaulicht.
Fahr nie rechts ran,
sonst bekommen SIE die Kontrolle.

Am nächsten Morgen um sieben Uhr klingelte der Wecker, Marion hatte kaum geschlafen und musste sich erbrechen. Um acht Uhr saßen wir wieder bei Genossen Gartner vor der Tür und erhielten neue Anweisungen. Wir hätten doch etwas mehr Zeit, sagte er uns, die Kinder könnten wir getrost bei Freunden abgeben. Vor allem mussten wir uns mehr beeilen mit den Behördengängen, sonst sähe er schwarz für uns. Bis morgen dann um acht Uhr. Ich rief in meiner Autowerkstatt an, der Wagen war repariert. Dann gab ich ein Telegramm auf, dass Uta und Wolfgang die Kinder abholen konnten. Ich fuhr als Nächstes zum Energiekombinat, dann zur Versicherung. Marion ging es ein bisschen besser, eine Freundin hatte frische Tabletten mitgebracht. Die Mütter schrieben Listen und packten.
Mir war so, als durchtrennte ich Faser für Faser der dicken Nabelschnur, die mich mit diesem Land verband.
Zwischendurch kamen immer wieder Freunde und Bekannte vorbei, boten ihre Hilfe an, telefonierten mit uns, viele waren traurig, andere hatten Angst und wussten nicht, wie lange sie noch warten mussten.
Es war ein Durcheinander an Gefühlen bei uns allen.

Donnerstag acht Uhr, Abteilung Inneres. Genosse Gartner mahnte zur Eile, so langsam dürfe das alles nicht gehen, drohte er. Man habe sich entschlossen, unsere Ausreise doch zügiger abzuwickeln als geplant, die Kinder müssen sofort abgeholt werden, er wolle mit ihnen nochmals ganz allein sprechen, einen präzisen Ausreisetermin wisse er noch nicht. Es nieselte ununterbrochen, die Zukunft war wie ein nasses Stück Seife.

Die Kisten füllten sich zusehends. In der Stube standen sie gestapelt, im Arbeitszimmer, in der Küche. Peter und Viola verpackten sorgfältig mein Fotomaterial. Position 439 eine Kamera Olympus mit Objektiv 1:1,4.

Eine uns unbekannte Frau wollte uns sprechen und erzählte mit Tränen in den Augen, sie hätte von der Postfrau erfahren, dass wir nach Hamburg gingen und ob wir drüben nicht was für sie tun könnten. Sie warte mit ihrem Mann schon über drei Jahre auf ihre Ausreise, sie wurde in Hamburg geboren, schluchzte sie, in den Kriegswirren nach Leipzig verschlagen worden, alle ihre Geschwister wären drüben, ihr Mann habe aus Verzweiflung einen Selbstmordversuch unternommen, aber das interessiere die Behörden ja nicht. Ich schrieb mir ihre Adresse auf und drückte sie zum Abschied.

Im Laufe der Jahre hatte sich eine Unmenge unnützer Sachen angesammelt. Das Gebot der Stunde hieß wohl, sich auf das Wesentliche besinnen, wir hatten keinen Platz, alle alten Erinnerungen mitzuschleppen.

Am Freitag früh teilte uns Genosse Gartner mit, dass wir am Sonnabend den Zug kurz nach acht Uhr nach Hamburg nehmen müssten. Er händigte uns unsere Ausbürgerungsurkunde aus. Am Nachmittag müsse er noch unsere Söhne sprechen. Wir

liefen schlapp und müde zum Polizeihauptamt, um dort unsere Ausweise abzugeben und dafür eine Identitätsbescheinigung zu bekommen. Da wir ein wenig Zeit gewonnen hatten, gingen wir durch die Innenstadt. Durch den Autoverkauf hatten wir plötzlich einen Haufen Geld, ohne noch allzu viel damit anfangen zu können. Ich kaufte mir eine Strickjacke, ein paar Schuhe. Marion besorgte für die Kinder noch neue Sachen. Am Nachmittag saßen wir mit unserer Freundin Gabi in der Küche und tranken Tee. Ein anderer Bekannter brachte uns mit dem Auto noch einige Dinge, wir umarmten uns zum Abschied, ich rannte aufs Klo und fing plötzlich an zu heulen. Marion rief, wo ich denn schon wieder sei. Ich antwortete verärgert, ob ich denn nicht mal einige Minuten auf dem Klo sitzen und in Ruhe heulen könne.
Die Wohnung war wie ein Taubenschlag. Immer wieder kamen unangemeldet Leute vorbei und wollten sich verabschieden. Die meisten von ihnen saßen auch schon auf gepackten Koffern und wollten dieses Land in Richtung Westen verlassen.
Es war einfach zum Kotzen. Diese elende Mauer saß uns so tief im Herzen. Stein für Stein wurde sie uns durch Angst, Hass, Sehnsucht, durch Fernsehbilder und den unbewältigten Schutt der jüngsten deutschen Geschichte in unsere Leiber gemauert. Morgen wechselten wir auch nur die Seiten.

Die Nacht war nicht lang und voller wilder Phantasien.
Johannes, David und Hanna hatten am Abend ihre Rucksäcke und Ranzen gepackt, die sechs Koffer standen im Flur. Draußen war es noch duster, wir liefen noch einmal still durch die Zimmer, drängelten uns zwischen den Kisten, schauten aus dem Fenster auf die gegenüberliegende morbide Häuserfront, ordneten und überprüften die wichtigsten Dokumente, die hier und drüben benötigt wurden.

Marion hatte einige Beruhigungsmittel geschluckt und ging beinahe schlafwandlerisch sicher die Treppen zum Auto hinunter.
Ein alter Bekannter fuhr uns zum Bahnhof.
Endlich fuhr der Zug an, wir standen am Fenster, ein paar Freunde und Marions Mutter warteten auf dem Bahnsteig und winkten. Die Personen wurden langsam kleiner. Der Bahnhof verschwand aus unserem Blickfeld. Wir fuhren und spürten schlagartig: Es gab jetzt kein Zurück mehr.
Am Nachmittag kamen wir in Hamburg Dammtor an.
Einige alte Ostfreunde erwarteten uns schon am Bahnhof.

Reisen ist schön, ohne anzukommen.
Denn Ankommen ist eine schwere Entscheidung.
Reisen ist flüchtig und geheimnisvoll, nur kurz eben mal an der Oberfläche SEIN.
Der Reisende braucht sich nicht ganz zu zeigen, ein gebuchter Schatten im Verdrängungstourismus.

Ich reise zu den Orten meiner erhofften Erwartungen, zu hellen, sonnigen Welten, die mich warm umspülen, wie das salzige Wasser im Mutterleib.
Ich treibe durch lieblich nährende Landschaften, wo die Menschen mir flauschige Decken um die schorfigen Wunden meiner Biografie legen, wo die kosmischen Gärtner in großen Frühbeeten das Paradies anpflanzen.

SCHWIERIGE ANKUNFT

Da standen wir nun müde lächelnd auf dem Fernbahnsteig Hamburg-Dammtor, hielten unsicher einen Strauß Blumen in der Hand und blickten uns alle mit unruhigen Augen an. Die Luft war frisch und feucht, sie schmeckte irgendwie nach See und parfümierten Auspuffabgasen. Unten vor dem Bahnhof parkten einige Autos, wir stiegen ohne viel Worte ein, verstauten unsere sechs Koffer und fuhren alle zusammen zu Alexanders Wohnung, in der wir für die erste Zeit Unterkunft finden sollten.

Alexander war der neue Lebenspartner von Britta. Wir kannten Britta noch gut aus vergangenen Leipziger Tagen. Mit ihrem Mann und zwei Kindern war sie vor knapp einem Jahr ausgereist, hatte sich Hals über Kopf in Alexander verliebt, hatte ihren angetrauten Ostmann verlassen und wohnte jetzt zusammen mit Alexander in einer größeren Hamburger Altbauwohnung.

Zu zwölft saßen wir anschließend in der geräumigen Altbauwohnung, viele von uns teilten das gleiche Schicksal, waren ausgereiste Deutsche aus dem Osten, die im Westen aus unterschiedlichsten Gründen ihr neues Glück suchten. Aufgeregt öffneten wir ein paar Flaschen Sekt, prosteten uns gegenseitige Glückwünsche und Willkommenssprüche zu, wir waren angekommen in der sogenannten Freiheit, und die, die um uns saßen, wussten schon ein wenig mehr, was das für Konsequenzen hatte.

Die Kinder freuten sich, denn sie hatten wieder ein paar alte Spielkameraden gefunden, dann legte Alexander einen Videofilm mit Peter Pan ein, auf der nahen Straße heulten Polizeisirenen, das Telefon klingelte, am Himmel flog ein Flugzeug mit einer Fielmann-Brillen-Werbung vorüber, wir waren angekommen und konnten es noch nicht fassen.

Unsere Kinder schliefen vorn im Spielzimmer auf einigen Matratzen, und wir sollten in Alexanders Schlafzimmer nächtigen. Die Fenster gingen zu einem dunklen Hof hinaus, der Regen prasselte unaufhörlich auf ein kleines Vordach, und es roch stark nach geräucherter Wurst von einem Fleschereigeschäft im Erdgeschoss.

Am nächsten Morgen fragte mich Alexander, ob ich mit ihm zur Metro einkaufen fahren wolle.

Ich sagte: „Ja gerne, so lerne ich gleich ein wenig die Umgebung von Hamburg kennen."

Mit dem großen Einkaufswagen trottete ich hinter Alexander her, schaute mich andauernd ungläubig zwischen den hohen Regalen um und konnte diesen Überfluss all dieser Waren nicht fassen. Alexander stapelte hektisch die verschiedensten Kisten und Kartons auf die Ladefläche des Einkaufswagens.

„Wollen wir die Zehner- oder lieber die Zwanziger-Packung Nudeln nehmen", fragte er mich beiläufig.

Ich starrte ihn abwesend an und sagte: „Wieso denn nur so viel von allem auf einmal?"

„Je mehr, desto billiger, das ist eines unserer ungeschriebenen Grundgesetze hier drüben", schmunzelte er.

Alles war uns fremd hier, und in mächtigen Wellen überfluteten

die vielfältigsten Eindrücke unsere geordneten Wahrnehmungsfächer, um sie im nächsten Moment wieder mit frischen Eindrücken zu überspülen.
Es gab nur dieses intensive Jetzt und Hier und die ängstliche Frage nach einem ungewissen Morgen.
Waren wir vor ein paar Tagen aus den Karteikästen der östlichen Bürokratie gelöscht worden, so stand uns nun die Wiederaufnahme in die westlichen Datenbänke bevor. Im Moment waren wir unbeschriebene, deutsche Blätter, die in den Verwirbelungen der Zeit über alle Grenzen schwebten.

Nach einer Woche fuhren wir nach Friedland, um im Aufnahmelager unseren Bundesaufnahmeschein zu beantragen. Die Kinder konnten wir glücklicherweise in Hamburg lassen, Alexander borgte uns sein Auto, und wir fuhren los.
Ungläubig schaute ich auf den Tacho und stellte fest, dass ich über hundertachtzig Kilometer pro Stunde fuhr und der Motor nur leise vor sich hin brummte. Marion schimpfte, ich solle doch nicht so schnell fahren, denn ich hätte doch überhaupt keine Ahnung von diesem fremden Auto. Wir überholten plötzlich auf der Autobahn einen Trabi, winkten heftig, betätigten die Lichthupe und schrien im Wageninneren: „Osten ade!"
An der Tankstelle spürte ich, wie mir beim Bezahlen an der Kasse die Hosen runterrutschten, weil ich so stark abgenommen hatte.

Das Lager in Friedberg war mäßig gefüllt, ab und zu sah man ein altbekanntes Gesicht von den aufregenden Tagen in Leipzig und winkte sich verstohlen zu. Wir bekamen ein Viererzimmer mit rustikalen Metallbetten im Haus Sachsen zugewiesen. Ich hatte das Gefühl, in meiner alten Kaserne gelandet zu sein.

Wir packten unsere gesammelten Unterlagen zusammen und setzten uns ins Wartezimmer.

An den Wänden hingen großdeutsche Landkarten mit dem Grenzverlauf von 1937. Die älteren Menschen im Zimmer sagten nichts, hielten krampfhaft ihre Taschen fest, und einige suchten mit ihren Fingern kleine Ortschaften in Oberschlesien.

Wir füllten alle Formulare aus, beantworteten die uns gestellten Fragen und verwandelten uns unmerklich durch jedes ausgefüllte Dokument von einem frustrierten Ostdeutschen zu einem freien westdeutschen Staatsbürger mit Reisevisum.

Am Abend meldet sich überraschend die Lagerleitung bei mir und forderte mich auf, sofort ins Büro zu kommen. Man habe durch einige Personen gehört, sagte man mir streng, ich hätte auf dem Lagergelände fotografiert, und ob ich denn nicht wüsste, dass dies verboten sei. Ich entgegnete aufgeregt, davon wüsste ich nichts, ich sei zudem Fotograf und wolle nur unsere ersten Schritte im Westen dokumentieren.

„Na gut, wenn es so ist, Herr Elle, aber bitte unterlassen Sie das in Zukunft, ansonsten müssen wir Ihre Kamera und Filme konfiszieren".

Ich lief unruhig ins Zimmer, spulte den halbverbrauchten Film aus der Kamera und versteckte alles in Marions Bindentüte.

Nach zwei Tagen erhielten wir unseren Aufnahmeschein, das Begrüßungsgeld und konnten nach Hamburg zurückfahren. Die Kinder freuten sich, zeigten uns stolz ihre neuen Asterix-Hefte und spielten wie selbstverständlich zusammen mit mir unbekannten Spielkonsolen.

Alexander und Britta gaben sich wirklich alle Mühe, damit wir uns bei ihnen wohlfühlen konnten. Aber es war schwierig für uns

alle. Es war nasskalt draußen, sodass alle fünf Kinder ständig in der Wohnung hocken mussten. Alexander arbeitete in einem kleinen Raum am Computer und Britta machte gerade eine Weiterbildung. Ihr Sohn Paul wurde von Neurodermitis geplagt, kratzte sich jede Nacht blutig und weinte dann lange.
Und als ob der schwarze Teppichboden wie ein atmosphärisches Gitter unsere seelische Not registrierte, entlud er sich öfters durch elektrische Schläge beim Anfassen einer Türklinke oder am Telefon.

Ich zog mir eine Nummer im dritten Stockwerk des Arbeitsamtes, setzte mich auf einen Stuhl und hatte das Gefühl, ich war nichts.
Niemand brauchte meine Arbeit oder gar meine Kunst. Mein Wissen hier in diesem viel weiterentwickelten Hochtechnologieland Deutschland war nichts wert, wir hatten zudem überhaupt keine Verbindungen, kein Geld und keine eigene Wohnung mehr. Ich bedauerte mich, machte mir Vorwürfe wegen Marion und der Kinder. Es wäre bestimmt besser gewesen, drüben zu bleiben. Da wusste man zumindest, was man hatte. Wir hatten uns einfach überschätzt, so einfach und brutal war das.
Wir waren unseren übersteigerten Illusionen auf dem Leim gegangen.
Wir wollten nur das hören und sehen, was all diese Illusionen gestärkt hatte. Wir waren zwar drüben im Osten unfrei, aber in dieser Enge herrlich lauwarm aufgehoben.
Wir hatten nur Angst als die letzten Dummen zurückzubleiben, wir wollten nicht nur immer die bunten Karten aus Griechenland oder Kanada im Briefkasten liegen haben, nein, verflixt noch mal, wir wollten auch mal welche von dort abschicken.
Aber jetzt waren wir bedeutungslose Bittsteller auf dem Arbeitsamt.

Marion ging's schlecht. Sie konnte nichts essen, sie hatte Magenkrämpfe und erbrach sich häufig am Morgen. Sie riss sich zusammen, damit Alexander und Britta nicht so belastet wurden. Wir wollten so schnell es ging eine eigene Wohnung suchen, dafür mussten wir aber erst warten, bis das erste Arbeitslosengeld überwiesen wurde.
Wir fingen an, das Abendblatt nach billigen Sozialwohnungen abzusuchen. Helle Dreieinhalbzimmerwohnung in Steilshoop, siebenhundertdreißig Mark exklusive, B-Schein erforderlich. „Leider schon vergeben, auf Wiederhören", sagte die Vermieterin.
Den ersten Monat konnten wir mit einem speziellen Fahrschein kostenlos alle S- und U-Bahnen benutzen. Ich ging nach vorn zum Fahrer und zeigte ihm unseren Schein vom Amt. Der schaute mich verständnislos an und sagte: „Mein Jung, bleib mal ganz ruhig, setz dich hin, und den Schein zeig mal schön bei der Kontrolle, hier kommt nicht die Volkspolizei und nimmt dich mit."
Familie König aus Dülmen rief uns an und wollte gern wissen, ob wir nicht Lust hätten, zu ihrem Geburtstag zu kommen. Ich sagte zu, fuhr den nächsten Tag zum Bahnhof, um für unsere Familie Fahrkarten zu kaufen. Als mir der Verkäufer den Preis für unsere Zugfahrt mitteilte, stand ich wie angewurzelt da und hätte am liebsten die Fahrt abgesagt. Ich ging zum Bäcker und kaufte mir ein Brötchen, aber es schmeckte nur nach mehliger Luft. Es war genauso groß und aufgeblasen wie viele andere Dinge aus der schimmernden Konsumwelt.
Im Moment wussten wir überhaupt nicht, wo wir hingehörten.
Wir waren Fremde, hier, überall, vielleicht immer.
Auf meinem Rückweg lief ich durch große, mir unbekannte Straßen mit hell erleuchteten Schaufensterdekorationen und fand andauernd Schilder von psychologischen Arztpraxen und genauso

viele von Steuerberatern. Womit verdienen die denn alle ihr Geld, grübelte ich, so viele Therapeuten braucht doch niemand.

Auf der gegenüberliegenden Straße richteten wir uns ein Konto auf der Sparkasse ein. „Haben sie vorher andere Bankverbindungen gehabt?", fragte mich die Angestellte. „Ja", antwortete ich, „aber diese Verbindungen sind endgültig abgerissen".
Der Patenonkel von David, Franz-Peter aus dem Schwarzwald, überwies uns ein kleines Darlehn von viertausend Mark und ein paar Tage später gingen wir zu einen türkischen Autohändler und erwarben einen metallicsilbernen Ford Kombi.
„Schöne Türkenschaukel", meinte Alexander.

Wolfgang aus Bremen rief an. Ich könnte auf ABM-Basis in seiner Galerie mitarbeiten, schlug er mir vor, zudem wären er und seine Freundin für zwei Wochen auf Reisen und wir könnten diese Zeit in seinem Haus in Worpswede verbringen. „Das klingt gut", gab ich zurück, „vielleicht tut uns diese Stille allen wohl, und wir können in Ruhe klare Gedanken fassen."
Wir packten ein paar Sachen und machten uns auf den Weg. Es schneite nassgraue Flocken, sie klatschten dumpf gegen die Windschutzscheibe. Die Kinder stritten sich auf der Rückbank, wer welche Nummer von den Micky-Maus-Heften anschauen durfte. Marion starrte stumm aus dem Fenster, und ich spielte während der Fahrt an den Heizungsreglern rum.
Der Schlüssel zum Haus lag wie abgemacht unter der grauen Mülltonne. Auf dem Küchentisch stand eine Flasche Sekt mit einem angelehnten Brief. „Herzlich willkommen im goldenen Westen, liebe Elle Familie. Fühlt euch wie zu Hause und erholt euch alle ein bisschen. Alles Gute Wolfgang und Ines."

Doch diese Stille machte alles noch viel schlimmer. Marion bekam hohes Fieber, hatte Schüttelfrost und weinte stundenlang. Die Kinder schauten sie traurig an und sagten: „Mutti, möchtest du wieder nach Hause fahren?"

In der Apotheke kaufte ich Kamillentee, Aspirin und ein digitales Fieberthermometer.

Mir fiel auch nichts Tröstliches ein, was ich sagen sollte, außer solchen Sätzen, wie: Es kommen auch wieder bessere Zeiten, wir müssen uns hier drüben erst mal einleben, und so ist es sicher vielen anderen auch vor uns ergangen.

Am Nachmittag lief ich in den Ort und kaufte mir eine Zeitung mit Wohnungsanzeigen. Es sah schlecht aus in Hamburg und anderswo genauso.

Drei Tage später hatte Johannes Fieber. Sein Kopf glühte, er hatte 38,5 Grad Celsius. Er lag still im Bett, las alle Nummern von „Fix und Foxi" und ließ sich fast teilnahmslos Wadenwickel machen. Wenn der Schneeregen ein wenig aufhörte, gingen wir durch das kleine Dorf und schauten uns die Häuser an.

Still im Inneren beneideten wir die Bewohner. Sie wussten zumindest, wo sie hingehören, bildeten wir uns ein.

Am nächsten Morgen hatten auch David und Hanna erhöhte Temperatur, ich musste mehr Papiertaschentücher kaufen, und der Kamillentee war auch aufgebraucht.

In der Nacht wurde ich munter und hatte Herzrasen.

Ich begriff mit aller Deutlichkeit, dass ich, oder besser wir, immer nur wegwollten. Rüber in die Freiheit, in das Land der unbegrenzten Möglichkeiten. Aber angekommen am Ziel unserer Träume hatten wir keinen Plan, was nun zu tun war. Zudem hatten wir keine Ahnung, dass unsere Psyche auf eine wie immer geartete Freiheit nicht vorbereitet war. Wir waren wie verängstigte Kinder,

die man jahrelang in der Wohnung eingesperrt hatte, die dieses Zuhause hassten, aber gleichzeitig davon abhängig waren.
Das war ein Teil unseres Dramas: Wir wurden uns schlagartig unserer verdrängten Ohnmacht bewusst. Dieses latente Gegen-Etwas-Sein, gegen diesen Staat, gegen diese Partei, gegen diese Ordnung, das war ein wesentlicher Halt im alten System, das war Schutzschild und sozialer Klebstoff. Das gab uns Kraft und eine stoische Stärke.
Nun mussten wir für etwas sein und wussten nicht genau, was das war.
So war unser Weinen, Fiebern, Zweifeln, Neiden womöglich ein ganz normaler Reinigungsprozess, eine heftige Erschütterung unserer instabilen Existenz. Unsere Erwartungen stimmten nicht im Mindesten mit unseren Gefühlen in der neuen Welt überein.
So ein verdammter Mist.

Wieder in Hamburg angekommen, erwartete uns umgehend das gleiche Chaos, das zu viele Personen in zu engen Räumen verursachten. Alle fünf Kinder tobten sofort lärmend durch die Zimmer, versteckten sich hinter den Türen, schrien laut herum, weinten und lachten fast im selben Moment. Alexander saß genervt am Computer, versuchte, mit drohenden Fingern wichtige Geschäftsgespräche am Telefon zu führen. In der Küche stapelten sich die Abwaschberge und draußen nieselte es wie alljährlich im grauen Hamburger Winter. Wir packten unsere Kinder in ihre Anoraks und liefen ein wenig hilflos zum Spielplatz bei Planten und Blomen.
Marion sagte zu mir, dass wir so schnell wie möglich eine eigene Wohnung finden müssen.
Ich studierte weiter die Wohnungsangebote in der Zeitung, trat

einem Mieterverein bei, aber der Markt an billigen Wohnungen war wie leergefegt.

Das erste Arbeitslosengeld war auf unser Konto überwiesen worden. Wir fühlten uns reich.

Von der Schulbehörde erhielten wir einen Bescheid, nach dem Marions Abschluss als Mathematik- und Physiklehrerin nicht anerkannt wurde. Wir waren sprachlos, denn wir hätten uns nicht vorstellen können, dass es eine völlig unterschiedliche östliche und westliche Mathematik und Physik geben sollte.
Im Supermarkt rechneten wir gewohnheitsmäßig die Westpreise in Ostgeld um. Wir versuchten überall, die billigsten Artikel zu bekommen, um Geld zu sparen.
Ein Vertreter einer Versicherung bot mir eine Autoversicherung an, ich staunte über die ausgezeichneten Konditionen. Als Alexander am Abend nach Hause kam und ich ihm meinen supergünstigen Vertrag hinhielt, regte er sich mordsmäßig auf und rief theatralisch: „So blöd können eben nur die alten Ossis sein."

Hätten wir nicht lieber doch im Osten bleiben sollen, fragten wir uns andauernd. Mit diesen Berufen und mit drei kleinen Kindern war das eben doch der helle Wahnsinn. Viele hatten uns ja gewarnt, aber wir wollten eben unsere eigenen Erfahrungen machen.
All unsere Argumente, die zu diesem Schritt geführt hatten, schmolzen nun dahin wie Ostbutter in der überhitzten Westbratpfanne.

Ein alter Fotofreund aus Leipzig gab mir eine Liste, auf der Organisationen standen, bei denen ich mich als Künstler für eine Un-

terstützung bewerben konnte. Alexander meinte, ich solle wieder meine Seidentücher bemalen, so könnte ich fix etwas Geld dazuverdienen. Erasmus schlug mir vor, ich solle doch einige Fotos zu den Magazinen schicken, vielleicht hätten die Interesse daran. Ein Cousin von Alexander riet mir, erst mal einen Computerlehrgang zu machen, denn ohne dieses Wissen, käme ich hier überhaupt nicht klar. Britta sprach mit Marion und wollte sie überzeugen, ihr Referendariat nachzuholen. Jette wollte für mich nach einer ABM-Stelle im Kulturbereich Ausschau halten, denn ein anderer ausgereister Künstler hätte auch das erste Jahr so was gemacht.
„Zuerst müsst ihr mal eure Kinder unterbringen, bevor ihr was unternehmt", erklärte mir Christian am Telefon.
Sie hatte recht, von Tag zu Tag erkannten wir immer deutlicher, dass wir umgehend eine eigene Wohnung brauchten. Alexander und Britta gaben sich wirklich größte Mühe, um unser gemeinsames Leben so gut es ging zu organisieren, aber die Last der Umstände erdrückte uns alle.
Wir sprachen mit ihnen darüber, bedankten uns für ihre Großzügigkeit und erklärten, dass wir dachten, der Stress für alle sei einfach zu groß, wir müssten so fix es geht ausziehen. „Das ist schon okay", erwiderte Alexander, „sucht aber bitte in aller Ruhe, denn wenn ihr erst mal in irgendeiner miesen Bude hängt, kommt ihr da nicht mehr so schnell heraus."

Von alten Bekannten im Münsterland wurden wir zu einem Kurzbesuch eingeladen.
Christian war Dozent für evangelische Theologie an der Universität in Münster, seine Frau, arbeitete als Lehrerin an einer Schule, und ihre drei Kinder waren im gleichen Alter wie unsere.
„Jetzt lasst all eure wirren Gedanken einmal ruhen", sagte Christian

aufmunternd am Telefon, „kommt einfach mal vorbeigefahren, und wir machen uns alle zusammen ein paar fröhliche Tage."
Als wir dann zu fünft vor der Tür standen mit unseren blassen, hohlwangigen Gesichtern und den abgemagerten Körpern in schlottrigen Hosen, sagte seine Frau Celina spontan: „Wollt ihr nicht lieber ein bissel länger in unserem ausgebauten Keller wohnen bleiben, das tut euch allen besser als die enge Hamburger Wohnung."
Wir ließen uns schnell überzeugen und freuten uns über die zwei ruhigen Zimmer im Keller. Es gab sogar eine kleine Waschecke mit Dusche und einen eigenen Schrank für unsere paar Sachen.
„Ihr kommt schon wieder auf die Beine", sagte Christian und nahm uns in den Arm.

Aus dem dunkelbraunen Geäst der Bäume und Sträucher drängten zart die ersten grünen Knospen. Wir schliefen erst mal richtig aus. Beruhigten uns ein wenig.
Die Kinder verstanden sich alle richtig gut. In den Nachbarhäusern begegneten uns nette Menschen. Wir wurden oft eingeladen. Franz, ein Nachbar, der bei der Polizei arbeitete, fuhr mit mir zu einer Druckerei und besorgte mir billiges Zeichenpapier. Christian rief bei einer Wohnungsvermittlung an und organisierte einen Besichtigungstermin. Ich telefonierte mit unserem Treuhänder und fragte nach dem Transport für unsere Möbel. „Im Moment passiert da gar nichts," erwiderte er kurz.
Es war wohl sinnvoller für uns, erst einmal eine Zeit hier zu bleiben, dazu entschlossen wir uns nach einer längeren Diskussion abends im Bett.
Das bedeutete für die nächsten Tage wieder Wege zum Arbeitsamt, Einwohnermeldeamt und zur Sparkasse.

Die Fragen aus den vielen Formularen konnten wir mittlerweile recht zügig beantworten. Vor allem hämmerte ich mir vor jedem dieser Behördengänge ein: Diese Beamten sind für uns da, sie werden von Steuergeldern bezahlt (im Moment zwar noch nicht von meinen) und sind nicht mehr die unantastbaren Halbgötter aus unserem vergangenen Ostdasein!
Ihr Antrag wurde ohne Begründung abgelehnt, Widerstand zwecklos, Jugendfreund Elle.

Es war schon ein ungewöhnliches Bild, wenn wir uns alle im Hause König in der Stube zum Mittagessen einfanden. Der Esstisch war beidseitig ausgezogen, an jeder Seite lagen fünf Teller, Bestecke, Gläser und Servietten, ein kurzes Gebet des Hausherrn vor der Suppe, freudiges Händeschütteln und dann ein munteres Klappern und Klimpern von zehn Personen.
Dieses bürgerliche Leben hatte eine klare Struktur, es gab nachvollziehbare Regeln und Übereinkünfte, und wir bekamen dadurch ein wenig festeren Boden unter unseren Füßen.
Besondere Freude bereitete mir der Umgang mit dem Geschirrspüler.
Mit wachsender Perfektion füllte ich das täglich anfallende schmutzige Geschirr in die Maschine und hatte mein stilles Vergnügen, wie leise und effizient dieser Apparat für uns alle arbeitete.
Christian blickte mich manchmal aus seiner typisch schräggestellten Kopfhaltung an und intonierte melodiös in seinem rheinischen Dialekt: „Ja, ja, mein lieber Klaus, der Miele ist der Mercedes unter den Geschirrspülern."
Unsere momentane Ratlosigkeit ermunterte natürlich unsere freundlichen Gastgeber, uns ihre stabilen, bürgerlichen Wertvorstellungen nahezubringen. Für große Träumereien gäbe es derzeit

wahrlich keinen Platz für uns, war ihre Kurztheorie. Große Städte wie Berlin oder Hamburg böten wahrscheinlich viel mehr Möglichkeiten für die Kunst oder auch für Marion, dort einen Job zu finden, aber wir hätten nun mal drei Kinder und die müssten baldigst Wurzeln schlagen können. Hier in Dülmen könnten sie uns tatkräftig mit ihren Beziehungen dabei unterstützen, aber wie dem auch sei, letztendlich müssten wir selbst unsere Entscheidungen treffen.

Johannes und David gingen nach einigen Wochen Pause wieder in die Schule. Statt des morgendlichen strammen Appells: „Für Frieden und Sozialismus, seid bereit, immer bereit", wurde hier endlos lang mit den Lehrern wegen irgendwelcher Banalitäten herumdiskutiert, berichtete mir Johannes. Die Lehrerin sagte mir dann abseits von den anderen Schulkindern: „So lernen wir ganz spielerisch die Grundregeln der Demokratie."
Mir kam das manchmal wie ein großer Kindergarten vor.

Fast zwei Monate waren wir mittlerweile im Westen.
Wir wussten, wo im Supermarkt die Butter, das Brot, der Käse und die Kekse standen. Wir konnten ohne große Überlegungen einen Scheck auf der Bank ausfüllen, man hatte uns erklärt, was eine Aktiengesellschaft ist und ich verstand sogar den verborgenen Sinn der Mehrwertsteuer. Die Kinder konnten die meisten Automarken unterscheiden, aber wir hatten das Gefühl, ohne ein Zuhause zu existieren.

Schwirrende Namen
loses Geflecht.
Was treibt diese Ahnung
bergab ins Geschlecht?

Wunde Synapsen
erholt bei der Tat.
Neue Ideen
verwandeln die Saat.

Zeitloses Wandeln
im Vererbungskokon.
Trockenes Husten
im Wohlstandsballon.

Nach einigem Hin und Her entschlossen wir uns, doch erst einmal eine Übergangswohnung in Dülmen zu mieten. Auf Dauer war unsere Anwesenheit im Hause König auch eine zu große Belastung, und so konnten wir in Ruhe erst einmal über unsere Situation nachdenken.

Mit Christians Hilfe bekamen wir schnell eine Zweieinhalbzimmerwohnung in einem Terrassenhaus und unterschrieben den Mietvertrag.

Familie König borgte uns fünfmal Geschirr, ein paar Tassen, Töpfe und Schüsseln, eine kirchliche Hilfsorganisation brachte einige gebrauchte Matratzen, einen Tisch, fünf Stühle und eine Lampe vorbei, und wir freuten uns über diesen kleinen Luxus.

Am nächsten Morgen legten wir ein großes Blatt Papier auf den beigen Teppichboden und begannen, die Eckdaten unserer Situation aufzuzeichnen.

Wo würden wir am liebsten hingehen, wo waren gute Aussichten auf Arbeit, wo gab es bereits einige Anknüpfungspunkte zu vertrauten Menschen, was war für die Kinder das Beste, und wie konnten wir das alles sinnvoll zusammen organisieren?

Marion hatte das Gefühl, Berlin wäre eine echte Alternative. Diese Stadt war lebendig, sie war quasi ein Teil unseres verlassenen Landes, und zudem würden wir dort viele Menschen kennen, argumentierte sie.

„Mir liegt nur diese Berliner Mauer im Magen", sagte ich ihr, „irgendwie bleiben wir auch da weiter eingesperrt."

Gegen Mittag rief unser Treuhänder an und berichtete uns über den Stand der Dinge und wann wir möglicherweise mit einem Transporttermin für unsere Möbel rechnen konnten.

„Es hängt derzeit am Amt für Kulturschutz", sprach Bernd durch die krächzende Telefonleitung. „Die sind völlig überlastet. Bevor die sich nicht deine Bilder, die paar Briefmarken sowie die alten Postkarten angeschaut haben und ein Gutachten fehlt, bewegt sich rein gar nichts."

Zumindest würde dieser Umzug uns annähernd fünftausend Mark kosten, hätte er in Erfahrung gebracht.

„Tja, mein Lieber, jetzt sind die netten Zeiten vorbei, wo du noch für vierhundert Ostmark umziehen konntest", beschloss er unser Gespräch.

In der lauen Frühlingsluft machten wir einen kleinen Abendspaziergang, nachdem die Kinder in ihren Betten lagen.

Wir liefen schweigend durch die blitzsauber gefegten Nebenstraßen mit all den schönen Einfamilienhäusern. Es sah hier wirklich so aus wie in den Werbekatalogen, die manchmal bei uns im Briefkasten steckten, fanden wir. Jeder Quadratzentimeter in diesen Vorgärten war organisiert, strukturiert, beschnitten, gedüngt, mit Steinen bepflastert, mit kunstschmiedeeisernen Zäunen begrenzt, mit Lampen weich erhellt, aufgeräumt, hergerichtet, zur Schau gestellt, perfekt in Schuss gehalten, totgepflegt.

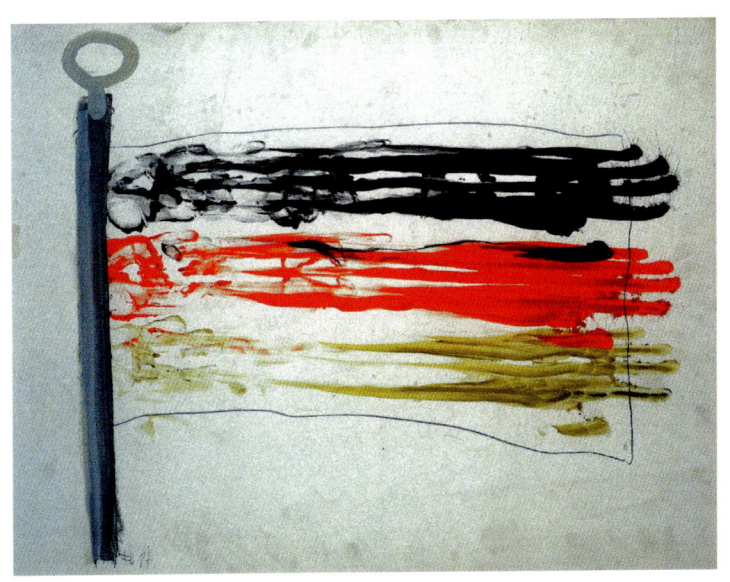

Künstlerische Arbeiten in Leipzig
bis 1987

„Getrenntes Heimatland" | 1987 | Collagen

„Getrenntes Heimatland" | 1987 | Collagen

„Leipziger Abbaulandschaften" | 1986 | überarbeitete Fotografien

"Leipziger Abbaulandschaften" | 1986 | überarbeitete Fotografien

Aktfotografien | 1982–1985

Aktfotografien | 1982–1985

Schwangerenserie | 1983 | Fotografien

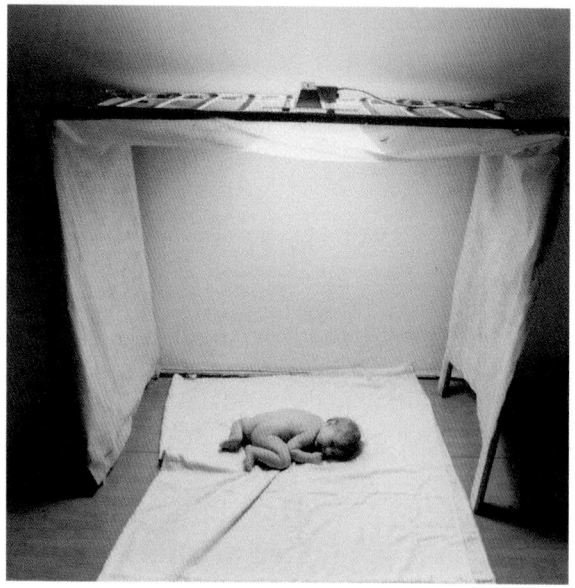

Schwangerenserie | 1983 | Fotografien

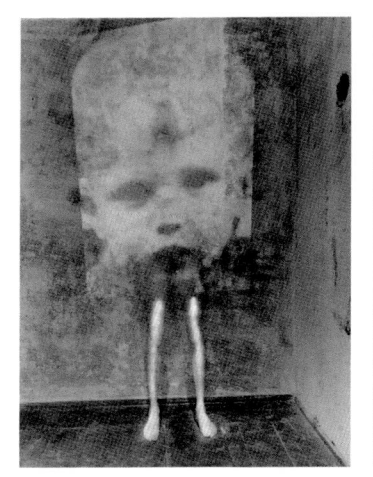

„Die Macht der Vergangenheit" aus der Serie „Erleuchtungen" | 1986–1999 | getonte Fotografien

"Erleuchtungen" | 1986–1999 | getonte Fotografien

„Erleuchtungen" | 1986–1999 | getonte Fotografien

„Mein karmisches Theater" | 1980–2023 | überarbeitete fotografische Selbstporträts

„Mein karmisches Theater" | 1980–2023 | überarbeitete fotografische Selbstporträts

„Mein karmisches Theater" | 1980–2023 | überarbeitete fotografische Selbstporträts

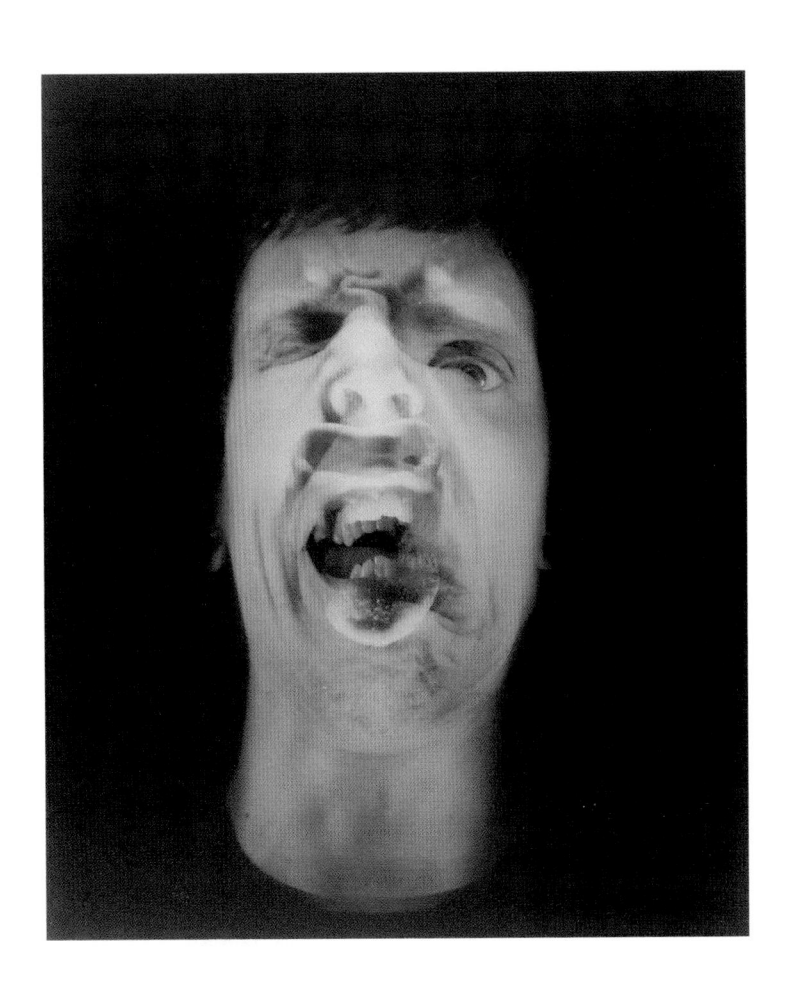

„Mein karmisches Theater" | 1980–2023 | inszenierte Fotografien

„Mein karmisches Theater" | 1980–2023 | inszenierte Fotografien

Unsere Blicke trafen sich ganz spontan, und jeder von uns dachte wohl dasselbe: Wir liefen durch einen Friedhof der bürgerlichen Spontaneität.
Aber wahrscheinlich waren wir nur ungerecht!
Sehr ungerecht.
Ungerecht, weil wir diesen Schwebezustand in der Fremde nicht aushalten konnten.
Weil wir endlich ankommen wollten und das Ziel nicht kannten.
Wir waren derzeit heimatlose Nörgler, vertriebene Grenzgänger mit Luftwurzeln, Neider des simplen Glücks, Brückenbauer ohne Ufer und Fluss, hilflos Suchende nach einem globalen Grundstück, Zweifelnde an der eigenen Wahrheit, verletzt Ankommende in der fremden westlichen Welt.

Ein unbekannter Typ aus Westberlin rief mich an und sagte mir, Judy hätte ihm meine Telefonnummer gegeben, und er wollte mir nur sagen, dass meine Kassetten bei ihm zur Abholung bereitliegen würden.
„Danke", erwiderte ich erleichtert, „ich komme so bald wie möglich und schreibe mir seine Adresse auf."
Ich hatte aus Angst meine umfangreiche Arbeit „FOTO-BIO-GRAFIE" vor unserer Ausreise im Keller vor der Stasi versteckt, denn ich hatte das dringende Gefühl, wenn sie diese eruptive, herausgeschriene deutsch-deutsche Geschichte fänden, sperren sie mich sofort ein.
In den letzten Tagen in Leipzig hatte ich in der Nacht diese drei Kassetten zu Judy mit der Bitte gebracht, er solle sie über seine diplomatischen Kanäle in den Westen bringen lassen. Das war scheinbar nun passiert.
Marion war es unwohl bei dem Gedanken, dass ich in den nächs-

ten Tagen wieder durch den Osten nach Westberlin fahren musste.

Unser wirres Lebensstrategiepapier, auf dem wir täglich nach einem passenden Bild für unsere nahe Zukunft suchten, verdichtete sich mehr und mehr in Richtung Hamburg.

Bei Erasmus und Jette konnte ich allein für kurze Zeit übernachten, wenn ich nach Wohnungen schauen würde, eine große Stadt bot für uns eben viel mehr Möglichkeiten als das kleinstädtische Dülmen, und auf Dauer würde uns das wohlgeordnete Leben hier sicher erdrücken.

Johannes sagte uns kleinlaut, dass es ihm hier gut gefiele, warum sollten wir denn schon wieder woanders hinziehen.

An einem warmen Frühlingstag packte ich eine Tasche mit meinen Klamotten in den Kofferraum, legte meinen nagelneuen Reisepass ins Handschuhfach, verabschiedete mich von Marion und den Kindern und startete in Richtung DDR-Grenze, um von dort aus nach Westberlin weiterzufahren.

Sie verlassen das Gebiet der Bundesrepublik Deutschland!
Transitreisende bitte in die linke Spur einordnen!
Bitte Reisedokumente bereithalten!

Willkommen in der Deutschen Demokratischen Republik!
Der DDR-Grenzsoldat hielt lange meinen Reisepass in seiner Hand, dann schaute er mich kritisch an, sprach mit seinen Kollegen, nun schaute der mich an, blätterte in meinem Ausweis, rief: „Einen Moment mal!", gab mir argwöhnisch blickend meinen Pass zurück, winkte mich durch die Betonpfeiler hindurch auf die Straße.

Ich steuerte erst mal an die Seite, wischte mir den Schweiß aus dem Gesicht und bog ein wenig später zurück auf die Autobahn.
Ich fuhr bewusst langsam.
Langsam, um all meine Gefühle zu spüren, zu beobachten, zu genießen.
Diese bitter erkaufte Freiheit ohne schnelle Wiederkehr.
Trabbis und Wartburgs knatterten mit ihren blauen Auspuffgaswolken an mir vorbei, und ich betrachtete die Fahrer unmerklich aus meinen Augenwinkeln. Auf den angrenzenden Feldern sah ich Traktoren fahren, ich erkannte kleinere Dörfer und Städte in der Ferne. Ich bildete mir ein, die Worte im Konsumladen klar zu hören, die die Verkäuferin zu ihrer Kundin sprach. „Nein, Frau Schmidt heute haben wir keine Zitronen geliefert bekommen, aber dafür haben sie die Leckermäulchen-Quarkspeise mitgeliefert."
Ich scannte wie mit Röntgenaugen die Wohnstuben dieser Menschen ab, ich sah sie sitzen in ihren abgewetzten Sesseln, sah, wie sie abwesend an ihrer Karo-Zigarette zogen und den Rauch in die Luft bliesen. Ich drang unmerklich in ihre Gedanken ein, wurde von ihren Stimmungen erfasst, erfühlte ihre Sorgen und ihre Freuden. Ich befand mich still und unsichtbar unter ihnen, war irgendwie da und doch weit weg.
In diesen Sekunden überkam mich eine nie gekannte Sehnsucht nach diesem Land mit seinen holprigen Straßen und diesen einfachen, unverdorbenen Menschen. Ich hatte Sehnsucht nach all dieser verwunschenen Vertrautheit, Sehnsucht nach dieser brüchigen Geborgenheit, Sehnsucht nach dieser grauen, ärmlichen Decke, die mich so lange umhüllt hatte.
Das war das Land, was ich zerrissen liebte, das war mein vom Krieg zerwühlter Mutterboden namens Heimat.

Aber dazu gehörte eben auch dieser Staat namens DDR mit seiner für mich unerträglich, beschränkten Ideologie, in dem ich keine geistige Heimat finden konnte und wo mir zu guter Letzt die Luft zum Atmen ausgegangen war.

Westberlin.
Eine Stadt wie ein überhitzter Schnellkochtopf, in dem die alliierte Knochenbrühe mit Herzinfarktstückchen und Mauerbrocken auf ostdeutscher Dauerflamme brodelte.
Kaum angekommen, parkte ich das Auto am Straßenrand, irrte ziellos durch fremde Straßen, um all meine Gefühle dieser ersten Begegnung völlig klar und bewusst aufzusaugen.
Ich kletterte auf die Aussichtsplattform am Brandenburger Tor und blickte über die Mauer. Ich fuhr hoch bis zum Mercedesstern auf dem Europacenter und starrte durch das Gitter hinüber in den dunstigen Osten. Ich stieg hinab in die U-Bahnschächte und ratterte in den Waggons unter der DDR hindurch.
Von dieser anderen Sicht hatte ich immer geträumt, nun war es Realität, aber in mir war kein Jubel.

Am Nachmittag traf ich mich mit dem Typ, der meine Mappen aufbewahrt hatte. Er stammte auch aus Sachsen, berichtete er mir, lebte aber schon viele Jahre in Berlin.
„Alles Gute für dich, und lasst euch nicht unterkriegen", sagte er mir freundlich zum Abschied und reichte mir meine Mappen in einer ALDI-Tüte.
Bei einem befreundeten Kunstwissenschaftler konnte ich eine Nacht schlafen.
Am anderen Morgen saßen wir beim Frühstück, es klingelte, und

mein ehemaliger Rektor, Professor Heisig, stand in der Tür. Er schaute mich mehrmals ungläubig an, schüttelte seinen Kopf und nuschelte in seinen Bart: „Irgendwoher kenne ich Sie doch."
Ich sagte ihm: „Ja, ich habe mal an der Leipziger Hochschule Fotografie studiert."
„Ach ja, deshalb, kamen Sie mir so bekannt vor", lächelte er mich abwesend an.
„Bereiten Sie auch wie ich eine Ausstellung vor und lassen sich von diesem netten Herrn einen Text schreiben?", fragte er dann.
„Nein", antwortete ich, „ich bin nur auf der Durchreise."
„So, so, aha, auf der Durchreise", sinnierte er, nun müsse er aber noch einiges bereden und dann schleunigst durch die Mauer zurück, denn um sechzehn Uhr beginne eine Sitzung in Ostberlin im Künstlerverband.

Auf der Rückfahrt in Richtung Westen nahm ich drei Frauen mit, die sich während der Fahrt lebhaft im Auto unterhielten. Sie kamen von irgendeiner feministischen Konferenz zurück. Mich nahmen sie nur als maskulines, fahrendes Etwas kurz zur Kenntnis, ansonsten waren sie völlig vertieft in ihre Gespräche über Emanzipation und ihre wechselnden Männerbekanntschaften.
So konnte ich in aller Ruhe meinen Gedanken hinterherhängen.
Es war schon spät, als ich unsere provisorische Wohnung erreichte, Marion sagte mir, ich hätte lieber nochmals anrufen sollen, sie selbst und auch Christian hätten sich Sorgen über meine Verspätung gemacht.
Franz, der Nachbar, bot mir an, dass ich in seinen Kellerräumen auf dem Boden zeichnen könnte. Ein großer Stapel Papier lag in einer Ecke, eine ausreichende Fläche war mit Folie abgeklebt, vom

Baumarkt haben wir Acrylfarben und Pinsel besorgt, und so begann ich mich mit meinen mächtigen inneren Gefühlsturbulenzen auseinanderzusetzen.

Zuerst schloss ich die Augen und wartete, was für spontane Bilder in mir aufsteigen. Ich konzentrierte mich so lange, bis sich eine Form, eine Gestalt oder eine sichtbare Geste aus dem Geflimmer meiner inneren Eindrücke erfassen konnte. Vorsichtig intuitiv führte ich nun meinen Stift über das Papier, notierte wie ein Seismograph die Ausschläge meiner neuronalen Erschütterungen, ließ aber weiter die Augen geschlossen, damit ich meiner eigenen ästhetischen Kontrolle entging. Dann schaute ich mir aufmerksam diese krakeligen Notizen meines Unterbewusstseins an, tauchte meine Finger in Farbe und trug eine weitere Schicht Bewusstsein auf.

Es war anstrengend und heilsam zugleich.

Jede fertige Zeichnung war wie ein Puzzleteil für ein größeres, neues Bild.

Ich vergaß alles über die Kunst und dachte und forschte nur nach der eigenen flüchtigen Wahrheit.

Ich drang in Tiefen vor, die oft schwer zu verkraften waren.

Nachrichten aus Leipzig.

Mutter schrieb mir, dass Vaters Rentenantrag genehmigt wurde und sie sich entschlossen haben, nach Bad Pyrmont zu Onkel Heinz und Tante Gerdi umzusiedeln. Ganz wohl wäre ihr nicht bei diesem Gedanken, teilte Mutter mit, aber in Leipzig würde es immer düsterer und depressiver und zumindest ist Heinz ja Vaters Bruder, also ein Teil unserer Familie.

Ich machte mir Sorgen, ob das die richtige Entscheidung war.

Onkel Heinz war ein liebloser, selbstbezogener Mensch, der alle

Sentimentalität hasste, der seine Ostvergangenheit verbittert abgetrennt hatte und sich und der Welt nicht vergeben konnte und wollte. Wie sollte nun dieser Mann, zusammen mit seiner gefühlskalten Frau, hilfreich die ersten Schritte der Eltern in der neuen Umgebung begleiten, fragte ich mich.
In meinem Antwortbrief äußerte ich meine Bedenken, aber die Hoffnung, alte zerrüttete Familienbande neu beleben zu können, zählte wohl mehr als meine vielen Fragezeichen.

Kurz vor Hamburg kaufte ich mir an einer Tankstelle einen Stadtplan, telefonierte mit Erasmus, dass ich gleich da wäre, und betrachtete fasziniert die riesige Köhlbrandbrücke. Jette hatte mir aus der Wochenendausgabe des Hamburger Abendblattes passende Wohnungsangebote herausgesucht, damit ich mich auf die Suche machen konnte. Ich telefonierte mit allen Wohnungsgenossenschaften, doch es sah überall schlecht aus. Der soziale Wohnungsmarkt war wie leergefegt.
Beide trösteten mich und erklärten, in dieser Phase helfe nichts weiter außer Geduld, ihnen wäre es auch so ergangen.

Die schönsten Stunden verbrachte ich nach meiner Wohnungssuche in den vielen Buchläden. Hätte mich jemand zu dieser Zeit gefragt, ob ich eine Heimat habe, hätte ich mit ja geantwortet und auf die jeweilige Buchhandlung gezeigt.
Hier hatte ich das Gefühl, ich sei angekommen. Hier waren meine geistigen Schutzräume in der deutschen Fremde. Hier fand ich meine weisen Ratgeber und geistigen Begleiter. Ich entdeckte in den Wirren der Zeit so viele ähnliche Schicksalswege, ich war beeindruckt, fühlte mich getröstet, hier öffneten sich mir unbekannte, neue Welten, in die ich für kleine Momente entfliehen konnte.

Am Abend berichtete ich Marion am Telefon von meinen eher mäßigen Erfolgen bei der Wohnungssuche und dass wir sicher noch etwas Geduld haben müssen, um das Passende für uns zu finden. David nahm ihr den Hörer aus der Hand und sagte mit weinerlicher Stimme: „Papa, wann kommst du denn endlich zurück, ich bin traurig, dass du nicht hier bist. Und finde doch endlich eine Wohnung für uns!"

Unten am Hafen legte gerade die Englandfähre an. Auf Deck standen die vielen Passagiere und winkten den Menschen unten am Kai zu. Ich ging langsam hinunter an die Elbe, lief unauffällig zwischen den anderen Personen an den Landungsbrücken umher und stellte mir vor, dass ich mir ohne Probleme eine Fahrkarte für die Fähre kaufen könnte. Ohne Antrag, ohne spezielles Formular von der Volkspolizei, einfach so, unglaublich!
Ich genoss ein Weilchen diesen Gedanken, malte mir plastisch die Schiffsreise nach England aus, schrieb an die verbliebenen Leipziger Freunde aus London eine Karte mit der Botschaft: „Die Welt könnte so schön sein, wenn es keine Grenzen mehr geben würde."
Ich setzte mich mit diesen Gedanken auf eine Bank ans Wasser, roch die Brise Meer, spürte die Frische in der Luft und fühlte mich gut.

Christian hatte in seinem Haus in Dülmen eine kleine Feier organisiert, bei der ich einige meiner Bilder an seinen Wänden aufhängen konnte. Christian stellte unsere Familie seinen Gästen vor, und sie befragten uns mit diskreter Neugier nach unseren Erlebnissen der letzten Wochen und Monate. „Das ist sicher für Sie nicht einfach hier", sagten sie fast alle, „mit drei kleinen Kindern, ohne eine Wohnung und ohne Arbeit." Sie könnten sich das gar nicht so richtig vorstellen, einfach so wegzugehen, mit nichts außer fünf Koffern und der Hoffnung auf ein freieres Leben. Das wäre ja so ähnlich, was die Amerikaauswanderer im letzten Jahrhundert durchgemacht hätten, eine Hinfahrt ohne Rückfahrkarte. Aber das ist natürlich auch eine große Chance für Sie, so total die alte Existenz abzuschneiden und bei null zu beginnen, das würde man nicht so oft im Leben tun können. Aber zum Glück könnte man hier Arbeitslosengeld beantragen, ganz ohne Sicherheitsnetz bräuchte man Gott sei Dank nicht zu beginnen.

„Im Prinzip ist doch hüben wie drüben alles recht ähnlich", mischte sich ein unbekannter Typ ins Gespräch. „Ihr habt im Osten die Stasi und wir hier das Finanzamt. Ihr wollt euch alle nach dem Westen absetzen, und wir versuchen alles von der Steuer abzusetzen, so simpel ist das." Allgemeine Heiterkeit im Raum.

Als ich zum Ende des Abends die Schecks zusammenzählte, die ich für meine verkauften Bilder erhalten habe, kam ich auf die phantastische Summe von dreitausend Mark.

„Darauf müssen wir einen trinken", rief Celina aus der Küche, öffnete eine Flasche Sekt und stellte vier Gläser auf den Tisch.

Als ich gegen Mittag aus meinem Malkeller in unsere Wohnung kam, saß Marion mit verweinten Augen am Boden und sagte mir, Lucia, die Frau von Franz-Peter aus Villingen, hätte gerade angerufen und ihr mitgeteilt, dass dieser zusammen mit einer Tochter am Bodensee ertrunken sei. Plötzlich sei die kleine Tochter aus dem Ruderboot ins Wasser gefallen, Franz-Peter wäre sofort hinterhergesprungen, um sie zu retten, doch beide seien nicht mehr aufgetaucht.

Taucher hätten sie dann aus dem kühlen Wasser geborgen. Franz-

Peter hätte vielleicht beim Tauchen einen Herzschlag bekommen, aber Genaueres könne man nicht sagen.

Ich setzte mich zu Marion auf den Boden, Tränen liefen uns über das Gesicht, wir nahmen uns in die Arme und konnten es nicht fassen.

Christian borgte mir eine schwarze Anzugjacke, Marion lieh sich ein dunkles Kleid, und eine Woche später fuhren wir in den Schwarzwald, wo Franz-Peter mit seiner Tochter beerdigt wurde.

In Hamburg bekam ich den ersten Besichtigungstermine für eine Wohnung. Sie hatte vier schöne Zimmer, einen kleinen Balkon, ein Hof zum Spielen für die Kinder war auch da, und die Miete konnten wir mit unserem Arbeitslosengeld gerade so bezahlen. Ich fuhr zur Sicherheit noch mal mit Jette hin, und sie meinte auch, die könnten wir getrost nehmen. Der Vermieter war ein Bürgermeister aus einem kleinen Städtchen nahe Hamburg, er hatte Verständnis für unsere Lage und räumte mir gute Chancen ein, dass wir sie mieten konnten.

Jette nahm mich mit zu einer Geburtstagsparty. Sie kannte mittlerweile eine Menge Leute aus der Kunstszene, und Walter, ein Bekannter von ihr, der Malerei studiert hatte, feierte heute seinen dreißigsten Geburtstag.

Also feierte man eine Party im Atelier.

Die meisten Gäste trugen schwarz. Die Bilder an den Wänden fand ich langweilig. „Dekorative Meterware von der Stange, kein Handwerk, lauter aufgeregte, nichtssagende Oberflächen", dachte ich.

Die Gespräche, die ich fetzenweise hörte, passten mir zu den Bildern.

„Eh, frisch aus dem Osten importiert, cool, Mann."

Ich sagte einer großen, schlanken Frau in dunkler Lederjacke, dass ich überzeugt sei, Kunst sei das genialste Erkenntniswerkzeug, das der Mensch für die Entwicklung seines Bewusstseins zur Verfügung hätte. „Jede Epoche forscht mit künstlerischen Mitteln nach ihrem Sinnhorizont, und aus dieser Perspektive betrachte ich auch mein eigenes Tun", fügte ich an.

„Das klingt gut", meinte sie, aber sie hätte das dringende Gefühl, dass diese Sinnfrage in dieser atomisierten Welt zu nichts mehr führen würde. Also thematisierten wir wie viele andere modernen Künstler die Sinnlosigkeit in dieser Welt.

Das wäre sicher für mich, als gerade Übergesiedelter aus dem Osten, schwer nachzuvollziehen, aber wenn ich erst mal eine Weile hier bin, würde ich das auch noch begreifen.

„Dir fehlt im Moment sicher die Distanz, diese Spur Ironie", erklärte sie mir trocken. „Komm erst mal hier drüben richtig an, dann findest du automatisch dieses Maß an spielerischem Zynismus, an kontextueller Eigenständigkeit, du nimmst das Ganze viel zu ernst, und unser Kunstmarkt hat völlig andere Gesetze als euer sozialistischer Realismus in der DDR. Da drüben wart ihr mit eurer Kunst für uns interessante, eingesperrte Exoten, die immer ein paar Jahre der Moderne hinterherhingen, die man unter dem Markenzeichen Made in GDR hin und wieder ausstellen konnte und deshalb auch ihre Käufer fanden. Jetzt, mein Lieber, bist du nichts weiter als ein stinknormaler Konkurrent auf dem hiesigen Markt, und deine alten Kontakte sind kaum noch was wert."

Auf der Rückfahrt fragte ich Jette, ob sie auch schon auf den Boden der westlichen Realität angekommen sei.

„Wahrscheinlich ein wenig mehr als du", sagte sie mir, „aber wir waren im Osten auch unsagbar naiv."

Die Moderne ist eine sich zum Horizont hin verengende Hundewiese, auf die in immer kürzeren Zeitabständen freilaufende, unerzogene Hunde ihre stinkenden Häufchen unverdauter Kreativität hinsetzen und das für grandiose Abgüsse ihrer Schaffenskraft halten.

Dann laufen sie laut bellend, eitel und ruhelos um ihre Ausscheidungen herum und warten auf ein Herrchen aus der Galerie, oder noch besser aus einem Museum, das ihnen freundlich über das struppige Fell streichelt und ihre Verdauungsreste hinter einen edlen Rahmen quetscht.

Das Warten in Dülmen ging Marion auf die Nerven. Sie hatte Angst, weil sie nicht wusste, wie alles weitergehen sollte. Ich solle doch mal endlich das Geld allein verdienen, ihr sei die Last zu groß, die sie immer zu tragen hätte, warf sie mir vor.

„Verdammt noch mal, ich bin Künstler!" brüllte ich zurück. „Was soll ich denn nur machen, erst mal müssen wir in Hamburg eine Wohnung finden, und dann können wir weitersehen!"

So stritten wir uns oft wie zwei verzweifelte Kinder, die sich im finsteren Wald verlaufen hatten und den Weg zurück ins Licht nicht mehr finden konnten.

Zudem meinten alle Leute, die wir hier neu kennengelernt haben, dass es Wahnsinn wäre, in unserer Situation in eine fremde große Stadt zu ziehen.

Am Montag rief ich wie abgesprochen beim Büro des Bürgermeisters an, der uns die Wohnung angeboten hatte.

„Es tut mir leid, Herr Elle, aber die Wohnung ist inzwischen anderweitig vergeben worden, mehr kann ich Ihnen leider auch nicht dazu sagen."

Wieder ein Loch.

Am Sonntagmorgen nahm ich mir einen Eimer Wasser aus der Garage, spritzte ein paar Tropfen Spülmittel hinein und fing an, mit dem Schwamm unseren silbergrauen Ford zu waschen. Als ich fast fertig war, kam Christian aufgeregt zu mir rausgerannt und sagte mit gepresster Stimme: „Mensch, Klaus, bist du wahnsinnig, heute zum Sonntag das Auto zu waschen, willst du meinen guten Ruf ruinieren, herrje, zum Sonntag wäscht doch kein normaler Deutscher sein Auto!"
Ich sagte: „Tut mir leid", und schüttete den Rest des Waschwassers in den Gully.

„Na, ihr Flüchtlinge", scherzte Kai, als wir seine kleine Bude in Köln betraten.
„Ihr seht ja genauso schlecht aus wie ich. Wir haben immer noch das Zonenvirus in uns."
Das letzte Mal hatten wir Kai auf dem Bahnhof in Leipzig gesehen, als wir ihn zum Zug gebracht hatten.
Er war in der Wohnung seiner geschiedenen Frau untergekommen, und auch er hatte noch keine richtige Strategie für die Zukunft. „Wie beruhigend", dachte ich.
Er stand mit seiner Zahnlücke ratlos vor uns und sah aus wie eine entwurzelte Topfpflanze, die lange nicht mehr gegossen wurde.
„Was nun, was nun, keine Ahnung?", nuschelte er.
„Erst mal durchschlagen, erst mal verstehen, was hier läuft."
„Die verdeckten Spielregeln erkennen."
„Die haben hier drüben viel bessere, perfektere Masken und viel mehr Fettnäpfchen, in die du treten kannst", philosophierte er weiter mit einem sarkastischen Grinsen.
„Meistens weißt du nicht, woran du bist, weil diese höfliche Verlogenheit einfach mit dazu gehört. Immer schön artig lächelnd

die Visitenkarte überreichen, eine Floskel anfügen wie: ‚Das war ein sehr interessantes Gespräch mit Ihnen, ich melde mich bestimmt wieder', und das war es dann auch. Schluss, aus. Und uns alten Ossis wird es wohl perspektivisch genauso ergehen", redete er sich in Rage. „Wenn die große, böse Mauer weg ist, wir keinen gemeinsamen, ominösen Gegner mehr haben, muss jeder von uns sehen, wo er bleibt. Muss seine Arbeitskraft auf dem freien Markt anbieten. Mein Lieber, das nannte der gute alte Marx das Wolfsgesetz des Kapitalismus. Nur hier ist noch genügend Kohle da, dass man jedem unangepassten, revolutionären Wolf das Maul stopfen kann."

„Wir können es nur nicht ertragen, nirgends mehr dazuzugehören", wandte ich ein. „Hinter jeder Mauer bilden sich zwangsläufig unrealistische Vorstellungen von der Welt da draußen. Wir haben diese aufpolierten Westillusionen einfach gebraucht, um unsere verletzte Psyche zu stabilisieren, so wie man farbenfrohe Bildtapeten in Gefängniszellen klebt."

„Vielleicht sind wir Ostler nur ein Experiment für die moderne psychologische Kriegsführung der Weststrategen", faselte ich rum. „Wie man durch den Einsatz intelligent gesteuerter Medien selbst über dicke Mauern hinweg ferngesteuert werden kann, weil man die Nachrichten nie auf ihren wahren Gehalt überprüfen kann."

„Ach, lasst uns lieber an das Rheinufer laufen", unterbrach uns Marion, „lasst uns lieber die herrliche Altstadtkulisse von Köln anschauen."

Mutter schrieb uns, dass sie schon ihre Sachen geordnet und Kisten bestellt haben. Jörg half ihnen dabei. Nun war sowieso alles egal, egal ob sie blieben oder weggehen würden.

Wieder in Hamburg angekommen, telefonierte ich konsequent alle Hamburger gemeinnützigen Wohnbaugesellschaften noch mal durch. Ich studierte alle infrage kommenden Zeitungen und rief bei den anderen Mietervereinigungen an.
Es musste doch einfach in dieser großen Stadt eine Wohnung für uns zu finden sein.
Erasmus hatte einen Fotoauftrag und machte gerade Porträts in Westberlin von einem ehemaligen Ostmaler. Jette malte an ihren farbkräftigen Bildern im Atelier.
Dann endlich ein Lichtblick. Eine Genossenschaft hätte eine Dreieinhalbzimmerwohnung ab Juli frei. Der Haken war nur, der Genossenschaftsanteil betrug sechstausend Mark. Woher sollten wir so viel Geld derzeit nehmen? Zumal unser Umzug schon über fünftausend Mark kosten sollte.
Aber die Sachbearbeiterin der Genossenschaft war nett und meinte zu mir, dass man vielleicht diesen Betrag in unserem speziellen Fall ein wenig nach unten drücken könne.
Ich solle mir doch erst mal die Wohnung anschauen, dann könne man weitersehen.

Abends auf St. Pauli.
Kleine aufgekratzte Männergrüppchen stolzierten betont gelangweilt durch die bunten Straßen. Ihre Hände hatten sie meist in den Hosentaschen stecken. Ab und zu kam einer ängstlich umherblickend aus den schmalen Haustüren herausgestolpert und verschwand wie ein entzauberter Weihnachtsmann im Getümmel der Stadt.
„Na, Kleiner, wie wär's mit uns beiden?", fragte mich eine vollbusige, junge Blonde in knallorangenen Stretches.

„Ich bin ein arbeitsloser, wohnungssuchender Altostler mit Potenzstörung", motzte ich sie an.

Meine Eltern waren schneller als gedacht in Bad Pyrmont angekommen.
Genau zu ihrem gemeinsamen Geburtstag erhielten sie ihre Ausreisepapiere wie ein letztes Geschenk ihres alten Staates, der aus Freude über zwei eingesparte Renten die Mauertore für sie extra weit geöffnet hatte.
Gegen Abend rief ich bei Onkel Heinz an, und der übergab sofort den Hörer an meinen Vater.
„Hier ist dein Vater, wir sitzen alle schön zusammen auf der Veranda mit Blick zum Wald", hörte ich ihn leicht beschwipst sagen. Alles ging so zügig vonstatten, das hätte er sich niemals träumen lassen.
Mutter heulte erst mal wie gewohnt ein paar Minuten an der Strippe und sagte nur immer wieder: „Ach nein, mein lieber Klaus, hätte ich das nur alles vorher gewusst, nein, ach, nein, hätte ich das alles nur vorher gewusst!"
Drei Wochen später besuchten wir sie in einer kleinen Übergangswohnung.
Die Wohnung war notdürftig eingerichtet, eine hässliche Schrankwand, ein Blumenölbild im Plastikrahmen, ein paar zusammengesuchte Stühle.
Sie saßen irgendwie fremd und unpassend in diesem spärlich möblierten Zimmer. Vater hatte ein weißes Hemd an, dazu eine farbige Krawatte, die ihm sein Bruder geschenkt hatte. Mutter war schon wieder am Heulen, wischte sich eilig die feuchten Wangen mit einem Tempotaschentuch ab, lächelte plötzlich wirr und holte aufgeregt aus einem sperrigen Schubfach ein paar Kekse für die Kinder.

Es gehe uns den Umständen entsprechend gut, sagte endlich Vater. Heinz und Gerdi hätten sie schon mal zum Essen eingeladen, außerdem sei die Luft hier viel besser als in Leipzig, und dieser tolle Kurpark mit den prächtigen Palmen und den farbenfrohen Blumenrabatten, das sei sagenhaft schön.

„Was soll sein, wir beide sind bescheidene Menschen", sagte nun Mutter, „wir werden uns schon einleben, und Rente in Westmark bekommen wir auch bald."

Mir kamen sie vor wie zwei Urlauber, die vergessen hatten, ihre Rückreise anzutreten.

Es war Anfang Juni.

Endlich kam der Brief aus Hamburg, in dem uns die Wohngenossenschaft mitteilte, dass wir die Wohnung mieten konnten. Unser Eigenanteil ist auf dreitausendneunhundert Mark gesenkt worden, aber da wir noch einkommenslose Übersiedler waren, wollten sie einen Bürgen haben, der für unsere finanzielle Situation geradestehen musste.

Mithilfe von Freunden trieben wir einen echten Westbürgen auf, der uns das geforderte Dokument ausstellte.

Bis zum Einzugstermin in die neue Hamburger Wohnung war noch ein Monat Zeit.

Die Zeit tickte träge wie ein Sekundenzeiger im Sirupglas.

Endlich war der Transport aus Leipzig organisiert.

Der Kostenvoranschlag lag knapp über fünftausend Mark. Das konnten wir zusammen mit der Kaution gerade so bezahlen. Dann war unser Konto wieder blank.

„Hoffentlich gefällt Marion und den Kindern die Wohnung, die ich gemietet habe", dachte ich auf der Fahrt nach Hamburg.

Die Sonne schien, es war warm, und wir fuhren in den Albershof. Der Hausverwalter stand pünktlich vor der Tür, übergab uns die Schlüssel, zeigte uns das Notwendigste und wünscht uns alles Gute.
Unsere Schritte hallten in der leeren Wohnung wie unsere unbeantworteten Fragen nach einer ungewissen Zukunft.

Im August fuhr Marion allein nach Berlin zur Stiftung, die ausgereiste DDR-Bürger beriet. Sie entschloss sich, nach dieser umfassenden Beratung eine intensive zweijährige Umschulung zur Betriebswirtin zu beginnen.
Johannes und David wurden in die nahe Grundschule gehen, für Hanna hatten wir einen Kindergartenplatz gefunden.
Im Innenhof gab es zudem viele Kinder, mit denen sie schnell Freundschaft schlossen. Ab und zu wurden sie mal als Ossis gehänselt, aber das hörte schnell auf.
Ich bewarb mich für eine ABM-Stelle, wo ich Fotokurse geben konnte.
Unsere Möbel kamen wenige Tage später an. Einige Schränke und andere Dinge mussten wir zurücklassen. Wir richteten uns ein auf vierundsiebzig Quadratmetern.
Der Anfang war schwerer als gedacht.

KÖRPER IM WESTEN, GEIST WILL WURZELN

Ich bekam glücklicherweise nach einem Jahr die ABM-Stelle in einem Arbeiterkulturverein. Ein befreundeter Altossi hatte mir den Kontakt hergestellt.
Im Vorstand des Vereins saßen ergraute KPD-Mitglieder, Leute aus der Friedensbewegung und Menschen mit sozialdemokratischer Gesinnung.
Es wurden verschiedenste handwerklich-künstlerische Kurse angeboten.
Turgay, ein talentierter Filmer aus der Türkei gab Einführungen in die Produktion von kleinen Amateurvideos, Heidi eine lebensfrohe Frührentnerin, unterrichtete freies Malen, Bärbel, eine wortgewandte, geschiedene Sekretärin, betreute die Schreibwerkstatt, Rolf, ein sprudelnder arbeitsloser Freigeist, bot Holzarbeiten im Werkraum unten an, und ich sollte Fotokurse geben.
Wir waren ein Haufen von temporären Sinnsuchern, eine kleine Horde unangepasster Aussteiger. Humanoides Treibgut wie ich aus dem Osten fand sich ein, kommunistisch angehauchte Visionäre tauchten auf, ermüdete Aufsteiger fanden hier einen Rastplatz. So wurzelte ich erst einmal still am Rande der Wachstumsgesellschaft im sozialen Parkhaus der völligen Unscheinbarkeit.

Marion begann ihr Sonderstudium für ehemalige Hochschulabsolventen zur Betriebswirtin. Man nannte es stolz das Hamburger Modell. Das Ganze dauerte zwei Jahre, im Wechsel Vorlesungen und Unterricht acht Stunden pro Tag und dann arbeitsintensive Praktika in unterschiedlichen Abteilungen von Unternehmen.
Das war ganz schön hart, stellten wir fest.
Wir vereinbarten, dass ich zu großen Teilen die Kindererziehung übernahm, den Haushalt organisierte, das mit der ABM-Stelle koordinierte und wenn Zeit übrig blieb, konnte ich mich um meine künstlerische Arbeit kümmern.
Unten in unserem kleinen Keller hatte ich mir ein provisorisches Labor eingerichtet. Das Wasser musste ich von oben aus der Küche holen, aber zumindest konnte ich fotografisch etwas tun, wenn die Kinder im Bett waren.

Mit einem halb ironischen Lächeln im Gesicht zeigte mir der Chirurg ein kleines Glasgefäß, in dem zwei größere, graubraune Kugeln lagen. Sie sahen recht großen Muskatnüssen ähnlich.
„Hallo, Herr Elle", sagte mir der Chirurg, „das sind ihre beiden Quälgeister, die sie wahrscheinlich über Jahre drangsaliert und ihnen heftige Schmerzen bereitet haben. Aber nun sind sie draußen mitsamt ihrer Gallenblase. Herzlichen Glückwunsch."
Noch etwas benommen lächelte ich zurück, sagte ihm, dass ich mich freue, dass die OP gut verlaufen sei und ich nun hoffentlich keine Gallenkoliken mehr haben werde.
Und im gleichen Moment, als ich die beiden Steine in diesem Glas erblickte, sah ich glasklar eine Grafik vor mir, die ich einige Jahre zuvor gezeichnet hatte. Da war mein ganzer Körper verspannt, verhärtet, an vielen Stellen hatten sich Krusten gebildet und dann

hatte ich der Grafik den Titel gegeben: „Ungelebte Gefühle werden zu Kalkstein."

In diesem Zusammenhang erschienen auch wieder verloren geglaubte Erinnerungen von meinem Krankenhausaufenthalt im Leipziger Diakonissenhaus, wo ich einige Jahre zuvor mit ähnlichen Beschwerden eingeliefert wurde, aber man nichts Genaueres feststellen konnte. Ich lag damals auf der inneren Station mit annähernd vierzig Männern in einem großen Saal, der im Ersten Weltkrieg als Seuchenbaracke genutzt wurde. Es gab einen großen Waschraum mit acht Waschbecken sowie acht Toiletten, und fast jeden Tag starb jemand. Das Gestöhne und Geröchle in der Nacht war furchtbar. Bei der Visite brüllte ein Arzt, der intern „Dr. Mengele" genannt wurde, seine Diagnosen wie ein brutaler Bahnhofssprecher zu den schwerhörigen Alten ins Bett.

„Herr Meier, ihr rechtes Bein muss ab, morgen operieren wir sie, ab heute Abend dürfen sie nichts mehr essen, guten Tag!"

Zum Röntgen wurde ich bei Schnee und Regen über die Straße von zwei Schwestern gefahren, die unter ihren Regenmänteln Schutz suchten. Am Nachmittag spielten wir Skat an einem langen Tisch, und wenn ich Ausgang hatte, schlenderte ich über den nahen Friedhof und schaute mir die Jahreszahlen an den Gräbern an.

Auch damals schon hatte ich ein Krankenhaustagebuch angefertigt, hatte mich im Bett liegend fotografiert, meine Nachbarn abgelichtet, hatte typische Krankenhaus-Stillleben entdeckt, dazu krakelige Zeichnungen gemacht und allgemein über das Leben und Sterben philosophiert.

Jetzt lag ich in einem Dreibettzimmer, hatte eine Klingel am Bett, ein kleiner Fernseher hing an der Decke, die Toilette und eine Dusche waren im Zimmer und Besuch konnte ich jederzeit empfan-

gen. Besonders hatte ich mich darüber gefreut, dass der Chirurg mich auf dem OP-Tisch fotografiert hatte und ich dieses Bild in mein Tagebuch aufnehmen konnte.
Die Narbe am Bauch war lang, ich fühlte mich schlapp und dachte an Marion, die nun den ganzen Haushalt allein organisieren musste.

Mir wurde deutlich, dass Schmerz und Glück Nebenprodukte der Relativität waren. Sie entwickelten sich im Kontext von Zeit und Raum und erschienen als subjektives Gefühlsgeflimmer im inneren Wahrnehmungskino.
Wenn ich mir aktuell vorstellte, wie ich damals im Osten als Kind ängstlich auf dem Zahnarztstuhl saß und der Doktor ohne Spritze und mit heiß drehendem Motor mir die Zähne aufgebohrt hatte, dann konnte ich mir das heute nicht mehr vorstellen. Mein Schmerzempfinden hatte sich im Maße möglicher Unterdrückungstechniken völlig gewandelt. Ich war ein hochsensibles, wohlstandsgesättigtes Weichei durch die Segnungen der technologischen Revolution geworden, das jedweden Schmerz als narzisstische Kränkung verstand. (Wie anmaßend das ist: Als ob ich ein Grundrecht auf staatlich garantierte Schmerzfreiheit hätte!)
Je mehr wir uns verfeinerten, uns kulturell weiterentwickelten, sensibler wurden, das Ego in den Zuckerguss des Wohlstandes eintauchten, desto weniger waren wir in der Lage, mit Schmerz umzugehen. Sobald er auftauchte, riefen wir nach einer gnädigen Narkose, verlangten den Kaiserschnitt, schluckten berauschende Opiate und suchten sofort den erlösenden Notausgang zur Empfindungslosigkeit.
Und das schien auch für das Glück zu gelten. Es schrie andauernd nach Steigerung, riss den Rachen immer weiter auf, forderte ve-

hement mehr und mehr Befriedigung und war damit der gierige Zwillingsbruder unserer ausufernden Wachstumsphilosophie. Nur, wenn man sehr bescheiden glücklich werden konnte, was war dann der Antrieb, sich weiter in Richtung Wachstum zu entwickeln?

In den zweiten Sommerferien wollten wir einen Freund in der Schweiz besuchen, den wir schon in Leipzig kennengelernt hatten, als er dort für ein Jahr Soziologie studierte. Wir beluden unseren Ford mit Campingausrüstung und Wandersachen und machten uns in der ersten Etappe auf den Weg nach Bayern. An einem kleinen See hielten wir an und bauten unsere Zelte auf. Ich hatte aus Restholz einen winzigen Campingtisch gebaut, eine provisorische Dachplane aus Gewächshausfolie zugeschnitten und so saßen wir dann gemütlich abends zusammen, machten den kleinen Kocher an und löffelten zufrieden eine warme Suppe.
„Die hausen wie die Türken", hörte ich leise unseren Nachbarn in der Dunkelheit zu seiner Frau sagen.
Die Frau erwiderte: „Nein, nein, die reden Sächsisch, die sind aus'm Osten."

In Bern schliefen wir bei Urs alle zusammen auf mehreren Matratzen in der Dachkammer, gingen in der Aare schwimmen und kochten immer bei ihm zu Hause, da im Lokal das Essen für uns zu teuer war. Es ging weiter in die Berge, wo Urs' Vater ein Haus hatte und wir wieder kostenfrei nächtigen durften. Überhaupt erlebten wir viel Freundlichkeit von unterschiedlichen Menschen. Man lud uns ein, schenkte uns Kindersachen, machte uns vielfältige Kontakte zu Behörden und Organisationen, das machte es auf vielen Ebenen leichter, in der neuen Welt anzukommen.

Den Kindern schien diese erweiterte, einflusssatte Welt keine übergroßen Sorgen zu machen. Sie stürzten sich neugierig in jedes neue Abenteuer, fanden mit ihrer offenen, fröhlichen Art schnell Freunde, gingen lässig damit um, dass sie manchmal als Ossis geneckt wurden und hielten auf eine stille, unausgesprochene Art als Geschwister fest zusammen. Scheinbar formten sie mit uns zusammen intuitiv sehr verlässliche, vertrauensfördernde Strukturen, um in den Strömungen, der uns umgebenden Ungewissheiten Halt und Ordnung zu finden.

Bei aller aufkommender Normalität trieb mich innerlich permanent die Frage umher, wie ich überhaupt in Zukunft Geld verdienen konnte. Meine ostverblendeten Kunstambitionen schwanden von Woche zu Woche kläglich dahin. Die Arbeitsmappen, die ich an Galerien geschickt hatte, verblieben unbeantwortet beim Empfänger oder wurden wahrscheinlich gleich in die Mülltonne geworfen. Alles lief über Kontakte, über vitale Netzwerke, und da hatte ich nichts zu bieten. Ich hatte keine unterstützenden Westkommilitonen, keinen Support von einem alten Kunstprofessor oder gar einem Kurator. Der Ostbonus war dahin, und was ich bisher fabriziert hatte, gehörte absolut nicht zum Mainstream. Ich war ein unbedeutendes, kleines, kreatives Licht am westdeutschen Sternenhimmel der Kultur und hatte hauptsächlich damit zu tun, dass die starken Winde der Veränderung mein unruhiges Flämmchen nicht völlig auslöschen würden.

Oben am Gletscher meines Gedankensees schmelzen still die ewigen Ideen durch die Wärme meines Herzens und sorgen für kühle Strömungen an den lauwarmen Rändern meiner Erziehung.

Oft schaue ich zu, wie meine Träume über die Wellen segeln und von den unbewussten Winden meines Seins in die Häfen der Wirklichkeit getrieben werden.
Am tiefen Grund meines Sees entdecke ich manchmal bei einsamen Tauchgängen die Wracks der unmöglichsten Ausflugsschiffe vergangener Verkörperungen.

Gerade wirft mir das Schicksal mal wieder eine versteinerte Frage in die spiegelglatte See.

An einem nasskalten Frühlingstag fuhr ich mit der S-Bahn zu einem bekannten Werbefotografen nach Altona. Man hatte mir gesagt, dass er einen Assistenten suchte, weil er seine vielen Aufträge allein mit seinem Team nicht mehr bewältigen konnte.
Sein Studio befand sich in einer umgebauten Werkhalle in einem alten Industriegebiet.
„Ach, du bist das, du hattest gestern bei meinem Assistenten angerufen, richtig, ich bin Ralf, mir gehört der ganze Laden hier, wie du siehst, brummt das Geschäft, heute ist eine Otto-Versandhaus-Kollektion frisch eingetroffen, ich habe wenig Zeit, also erzähl schnell, was ich für dich tun kann. Wie du siehst, ich brauch Verstärkung, jemand mit Erfahrung, verstehst du. Hast du schon was im Fashion-Bereich fotografiert oder irgendwo assistiert? Dann kommen wir vielleicht ins Geschäft."
„Ich habe in Leipzig Fotografie und experimentelle Malerei studiert", antwortete ich unsicher, „und nein, im Modebereich habe ich bisher noch nichts gemacht, aber mich reizt es, was Kreatives, Neues zu beginnen."
„Aha, verstehe", sagte Ralf „ein Ossi bist du, mit einem künstlerischen Fotostudium, dann kennst du dieses Business wohl nicht,

was bei mir hier läuft. Ja, besonders kreativ ist derzeit mein Job nicht, ich bekomme vorgefertigte Skizzen, wie und wo ich die Pullover und Kleider zu fotografieren habe, was ich mache ist gut bezahltes, professionelles Handwerk von hoher Qualität, aber schau dich gerne um und sag mir, wie dir das hier alles gefällt und ob du Interesse hast, ich muss Gas geben und die Winterkollektion weiter fotografieren."

In einer Reihe standen Kopf an Kopf acht Schminktische, an denen jeweils ein Modell saß, ein Assistent drapierte die jeweiligen Klamotten, zog Pullover am Oberkörper fachkundig hin und her, strich mit einer Bürste störende Falten an Hosen weg, Kleider wurden emsig zurück auf fahrbare Kleiderständer gehängt, am anderen Tisch wurden die Gesichter geschminkt, schließlich fein gepudert, Haare wurden in Form gebracht, dann rief der Assi zu Ralf rüber: „Claudia mit dem beigen Kostüm Modellreihe F17 ist fertig!", lief mit ihr zum weißen Fotohintergrund, stellt sie locker auf die Fläche, Ralf schaute auf seine vorgezeichnete Skizze, dirigierte Claudia laut hin und her, schaute vom Kamerasucher hoch, machte zwei Probeblitze, rief „Claudia, Konzentration bitte, heb mal die Arme etwas an, linkes Bein einen halben Meter vor, eh, Theo, verdammt noch mal, zieh die Jacke hinten straff, dann nimm doch das Panzerklebeband zu Hilfe, und Claudia, jetzt lächle gefälligst, ja, bleib so, dreh dich bitte etwas zur Mitte, okay, fertig, hört mal, jetzt könnt ihr Peggy bringen mit dem ockerfarbigen Übergangsmantel."

Ich schaute mir das hektische Getriebe eine Weile an und bewegte mich still in Richtung Ausgangstür. Ich rief dann noch: „Super, danke, schön, dass ich mir das hier mal anschauen durfte, ich melde mich", und war froh, wieder draußen an der frischen Luft sein zu können.

„Aber irgendwas musst du doch tun, um Geld zu verdienen", sagte Marion am Abend aufgebracht zu mir, „oder willst du etwa von der Sozialhilfe leben mit drei Kindern?"
„Nein, natürlich nicht", erwiderte ich, „ich habe einfach keine Ahnung, was ich machen soll, vielleicht läuft in der Kunst noch was, und ein Jahr bekomme ich zumindest noch Geld bei meiner ABM-Stelle."
„Du bist und bleibst eben ein Träumer", hörte ich sie sagen. Ich ging derweil in die Küche und machte für uns alle Abendbrot.

Die Elternabende in der Schule fand ich so öde und entsetzlich langweilig. Diese endlosen Diskussionen zwischen den Lehrern und den anwesenden Elternteilen, in der Regel Mütter, um irgendwelche Kleinigkeiten. Alles wurde haarklein ausdiskutiert, immer gab es hocherregte Gegenstimmen, keinem Kind sollte zu viel zugemutet werden, jede minimale Gefahr wird zum Zentrum einer Kontroverse.
„Meine Güte", dachte ich, „als ob Kinder in sterilen Petrischalen in lauwarm aufgeheizten Brutkästen der Schmerzlosigkeit auf die Anforderungen des unkalkulierbaren Lebens vorzubereiten wären."
Irgendwie war diesen Müttern und Vätern, heute sagt man dazu Helikoptereltern, ein sinnvolles Maß an notwendiger Zuwendung für ihre Kinder abhandengekommen. Mit ihren extrem lauten Fürsorgerotoren wirbelten sie jede Menge Staub im Flachland der konstruierten Harmonie auf und nahmen an, das Glück ihrer Kinder müsse (ähnlich wie in unserer alten ostdeutschen Planwirtschaft) konsequent gemanagt werden. Nur allzu oft wurden sie meines Wissens von ihren eigenen unbewussten Vorstellungen geleitet, Kinder wurden so zu Projekten im Businessplan einer familiären Erfolgsgeschichte.

Der einzige andere Vater bei den Elternabenden war Charles, ein entspannter Eisenbahner, der aus Rostock stammte. Von Zeit zu Zeit warfen wir uns ungläubige Blicke zu und schüttelten manchmal nur stumm den Kopf.

„Aber unsere Sabrina hat eine kleine Schürfwunde am Knie und kann beim Turnen einige Übungen nicht mitmachen", sagte gerade eine aufgeregte Mutter, „ich würde ihr auch vom Arzt eine Befreiung vom Sport besorgen, wenn es irgendwelche Probleme geben sollte, und zum Ausflug übermorgen in den Zoo werde ich sie bestimmt zu Hause lassen."

Meine Eltern hatten endlich eine Dreizimmerwohnung in der Stadt gefunden. An einem sonnigen Wochenende fuhren wir nach Bad Pyrmont, brachten eine Zimmerpflanze und ein neues Familienbild im Rahmen mit.

Aus einem Möbellager hätten sie diese massive Schrankwand bekommen, sagte Vater stolz, dazu passten ideal ihre alten Sessel und der höhenverstellbare Kurbeltisch aus dem Osten. Das Ölbild von Urgroßvater Moritz hing neben dem Fernseher, und in der Küche zeigte mir Mutter ihre neue Mikrowelle. Vater meinte, man müsse mit der Zeit gehen, und eine Mikrowelle sei eine prima Sache.

„Wir beide gehen täglich im Kurpark spazieren", ergänzte Mutter, „am Dienstag ist Markt, da kaufen wir frische Eier, Gemüse und Wurst aus der Region."

„Insgesamt können wir dankbar sein, dass alles so gekommen ist", verkündete Vater und verschwand in der Küche.

„Nur sein Bruder Heinz ist nach wie vor ein altes Ekeltier", flüsterte mir Mutter ins Ohr. „Er will nur Kurt in seiner Nähe haben, ruft ihn andauernd an, ich bin völlig Luft für ihn und seine Frau Gerdi, diese arrogante blöde Kuh, liest nur die Boulevardpresse, macht nichts im Haushalt und tratscht pausenlos über alle Leute."

Marions Ausbildung war wirklich hart. Oft beklagte sie sich als studierte Mathematikerin und Physikerin über diese verschwommene Mixtur aus Soziologie, Psychologie, statistischen Verfahren, Bilanzierung, Controlling und unterschiedlichen Managementtechniken, dass dies alles zusammen keine exakte Wissenschaft sei. Da sie aber strukturiertes Lernen im Osten gut gelernt hatte, fand sie sich ganz passabel in dieser etwas fremden ökonomisch geprägten Welt zurecht.
Was ihr fehlte, war freie Zeit.
Für sich selbst, für die Familie, für die weite Welt.

Wenn ich Zeit hatte, arbeitete ich an meiner Fotoserie „Erleuchtungen". In Leipzig hatte ich bereits mit diesen dunkel-mysteriösen Fotografien begonnen, jetzt setzte ich diese Serie in Hamburg fort. Dieses Tun war für mich wie heilsames Eintauchen in meine unbewussten Erinnerungsräume, wo ich verschüttete Teile meines Selbst wiederentdecken konnte.
Um diese Bilder zu finden, begab ich mich meist in halbdunkle Räume, in denen sich das Licht an den äußeren Rändern seiner Ausdehnung ermüdet hatte. Als Nächstes fixierte ich die Kamera fest auf dem Stativ, öffnete den Verschluss, entkleidete mich und leuchtete intuitiv mit der Taschenlampe ins Dunkle des Raumes und irgendwie auch in mich selbst hinein. Durch die sehr langen Belichtungszeiten war die Kamera irritiert, sie verlor die Kontrolle über ihr Programm und wurde plötzlich fähig, Risse in den Oberflächen der manifesten Realität aufzuzeichnen. Durch diese Risse

gelangten die verlorenen Erinnerungsfetzen als sichtbare Leuchtspuren in die fotografische Raumzeit.
Deshalb passte für mich auch der Titel „Erleuchtungen" besonders gut zu dieser Arbeit.

Manchmal an einem Tag konnte ich die verrücktesten Bilder voll magischer Kraft finden, und dann gab es wieder Wochen, wo einfach nichts passierte. Dieses Tun war völlig unkalkulierbar wie das Warten auf Godot.
Einmal in einem warmen Sommer fotografierte ich mich in einem verlassenen Keller im Harburger Hafen. Ich stand nackt auf einer brüchigen Leiter und leuchtete konzentriert meinen Körper an. Plötzlich stand ein Bauarbeiter am anderen Ende des Raumes. Wir starrten uns beide wortlos ein paar Sekunden an, dann drehte sich der Typ kopfschüttelnd um und ging hastig die Treppe wieder nach oben. In der oberen Etage hörte ich ihn auf einmal rufen: „Fuck, bin ich denn völlig durchgeknallt, oder was war das eben!"

Die Kunst ist mein Trampolin.
Mit ihr entkomme ich für wunderbare Momente aus der Normalität des Daseins und schaue aus luftiger Distanz auf den Irrgarten unserer Zivilisation.

Die Kunst ist mein Trampolin.
Ich katapultiere mich höher und höher und manchmal verlasse ich sogar das Gravitationsfeld meines mächtigen Egos.

Die Kunst ist mein Trampolin.
Während ich mich lustvoll in aberwitzigen Drehungen überschlage, zersteche ich die Seifenblasen meiner Illusionen.

Wir bekamen viele Anrufe von alten Freunden, die uns ihre Geschichten vom Neubeginn im Westen erzählten. Heidi und Carlo waren nach München mit ihren Kindern gegangen, recht schnell hatte Carlo als Ingenieur einen Job beim TÜV gefunden und seine Frau war als Kunstwissenschaftlerin in einem Verlag untergekommen. Barbara hatte ihre Referendarzeit wiederholt und arbeitete wieder als Lehrerin. Immo versuchte sich in der Finanzbranche, und Willi, der auch Kunstwissenschaft studiert hatte, arbeitete nun beim Ravensburger Verlag. Die Bekannten und Freunde, die in der DDR als freie Künstler unterwegs waren, hatten es um ein Vielfaches schwerer, Fuß zu fassen. Wie wir von Hans hörten, war er wieder in Berlin, bekam Sozialhilfe, kiffte sich andauernd die Birne völlig zu, lief barfuß nachts durch die Stadt, legte sich natürlich wieder mit den Mächtigen an und hatte keinerlei Interesse mehr an einer neuerlichen Kontaktaufnahme mit uns.
Thomas der schon länger in München lebte, hatte sich mit seiner journalistischen Fotografie etabliert, fotografierte Geschichten für einige Zeitschriften wie Eltern, seine Reise und Aktbilder wurden vielfach publiziert, und Lilo, die später nachkam, gab Malkurse und arbeitete frei als Künstlerin.

Schweißte uns im Osten ein widerborstiger Geist gegen das mächtige Regime zusammen, verband uns die Sehnsucht nach freier Meinungsäußerung und einer weltoffenen, sozial orientierten Gesellschaft, so wurden wir hier alle im Westen Deutschlands als Einzelkämpfer wiedergeboren. Das unscheinbare oppositionelle Band war zerrissen, jetzt musste sich zeigen, ob wir auch fähig waren, unsere schönen Ideale von einem emanzipierten Leben in der frischen Luft einer sozialen Marktwirtschaft auch zu verwirklichen.

Mein Geist war erfüllt von einer unstillbar fröhlichen Gier, das Wissen der Welt in sich hineinzusaugen. Ich bestellte mir alle möglichen interessanten Bücher bei einer befreundeten Buchhändlerin, nebenbei nutzte ich natürlich meine vergünstigte Bücherhallenkarte mit dankbarer Freude, und jedes zu Ende gelesene Buch öffnete mir den Horizont für weitere Lesereisen.

Ich verschlang die neuesten Erkenntnisse der Quantenphysik, besorgte mir Bücher von Stephen Hawking, und gleich hinterher las ich die Biografie von Edgar Cayce, dem berühmten schlafenden Propheten aus Amerika, der bis 1945 als Medium gearbeitet und dabei in Trance tausende Antworten gegeben hatte. Ich vertiefte mich in das aktuelle psychologische Wissen, studierte Fromm und Watzlawik, beschäftigte mich mit der Gestalttherapie von Pearls, entdeckte Bert Hellinger und seinen therapeutischen Ansatz der Familienaufstellung. Das Buch „Männerphantasien" von Theweleit eröffnete mir erhellende Sichtweisen in die Zusammenhänge von unterdrückter Wut, von strenger, liebloser Erziehung und von schambesetzter Sexualität in den Kinderstuben des Deutschen Kaiserreichs und wie diese toxische Melange in den Seelen der Männer zum fruchtbaren Nährboden für grenzenlosen Hass, übersteigerte nationale Gesinnung und damit geradewegs in den Ersten Weltkrieg mit all seinen Gräueltaten führte.

Dazu las ich parallel Artikel über Permakultur und biologische Landwirtschaft, das Thema der Biophotonen mit seinen Auswirkungen auf Pflanzenwachstum und Gesundheit fand ich unendlich spannend, die östlichen Weisheiten zogen mich an. Ich hätte Tag und Nacht nur studieren können und kam doch an kein Ende bei meiner Suche nach den letzten Mysterien unserer Existenz.

Besonders fesselten mich jene Fotobücher, in denen sich phantastische neue Einblicke in die Mikro- und Makrowelten auftaten. Lennart Nielsons Buch über die Entstehung eines Kindes war eines meiner Highlights.

Häufiger Gast in unserem Arbeiterkulturverein war Jack, der bis vor Kurzem Verwaltungsangestellter war. Er habe gekündigt, erzählte er mir, weil ihn diese Arbeit krank gemacht hätte. Momentan halte er sich mit allerlei Gelegenheitsjobs gerade so über Wasser. Nebenbei ließe er sich zum Atemtherapeuten ausbilden, aber sein wirkliches Faible war die Beschäftigung mit dem schwarzmagischen Gedankengut der nationalsozialistischen Eliten im Dritten Reich. Er legte mir einen kleinen Stapel Bücher auf den Tisch, die von diesen Verwicklungen berichteten.

Wie ich las, träumten Hitler und seine eingeweihten SS-Kumpanen von einer global agierenden arischen Herrenrasse, die mit aller Radikalität und heiligem Eifer eine Neuordnung der Welt herstellen wollte. Es gab intensive Beziehungen zu okkulten Vereinigungen und Kontakte nach Tibet zum Buddhismus. In den dreißiger Jahren gab es in Berlin dafür die spezielle Abteilung in der Regierung, namens Ahnenforschung. In der Wewelsburg, nahe der Stadt Paderborn, führte man mit hochrangigen SS-Mitgliedern dunkle Rituale mit obskuren Sexpraktiken und anderen esoterischen, rituellen Handlungen durch, hinterher tätowierte man ihnen Zahlensymbole unter die Haut. Die perfekt inszenierten Massenveranstaltungen in Nürnberg und in anderen bedeutenden Städten hatten etwas fesselnd-kultisches, einstudierte Mantras wurden kollektiv wie religiöse Glaubenssätze gebetet und narkotisierten die Menschen.

Große Teile des Volkes fühlten sich wie auf einer heiligen Mission. Weder im Osten noch im Westen war mir über solche Aktivitäten etwas bekannt geworden. Eine rationale, auf Fakten basierte

Geschichtswissenschaft konnte natürlich solche esoterischen Faseleien nicht ernst nehmen, man klammerte solche Erzählungen einfach aus, machte sich lächerlich über diesen Hokuspokus, nannte das obskure Verschwörungsmythen und verweigerte jeden Diskurs.

Doch beim Lesen dieser mysteriösen Lektüre konnte ich mich des Eindrucks nicht erwehren, dass Geschichte aus unglaublich viel mehr Facetten besteht, als ich das vorher angenommen hatte – und man mich stets glauben machen wollte. Jede Kultur hat naturgemäß immer blinde Wahrnehmungsflecken, jeder Machtapparat destilliert immer dasjenige aus der Vergangenheit heraus, was ihm zur Festigung seines Herrschaftssystems als sinnvoll erscheint.

Mir war es aber immer schon ein Rätsel, wie man ein ganzes Volk in eine dermaßen perfekte Massenhypnose versetzen konnte, dass es, ohne es zu bemerken, oder es bemerken zu können, jubelnd in die düstersten Abgründe menschlichen Handelns marschierte und erst in der totalen Niederlage aus dieser mörderischen Ekstase erwachte. Diese ganzen rationalen Erklärungsmodelle über die Entstehung, den rasanten Aufstieg und den Zusammenbruch des deutschen Faschismus hatten mich in der Ost- wie in der Westversion nie völlig befriedigt, sie waren natürlich faktisch vollkommen richtig, aber durch diese schwarz-magische Dimension bekam diese Zeit für mich einen erweiterten Deutungshorizont.

Gleichzeitig wurde mir klar, dass man dieses unbedarfte Herumschnüffeln in den verbotenen Hinterkammern der offiziellen Geschichtsschreibung nur als Außenseiter, als bedeutungsloser Freak oder als verrückter Künstler tun konnte, denn selbst in einer demokratisch, freiheitlich geprägten Gesellschaft standen an den Rändern der kollektiven Übereinkünfte abgrundtiefe Fettnäpfe.

Was ich parallel bei der intensiven Beschäftigung mit meinen unterschiedlichen Welterklärungsmodellen auch noch zur Kenntnis nehmen musste, war, dass die meisten Menschen nur wenig Interesse hatten, die Wirklichkeit als einen nach allen Seiten offenen Interpretationsraum zu begreifen. Fast überall hatte die Wahrheit eine ideologische Schlagseite, oder man war der festen Überzeugung, dass man sich ohne Wenn und Aber nur für eine Seite der Weltbetrachtung zu entscheiden hatte (denn die Zwischenräume waren mit opportunistischen Tretminen gefüllt).

Da die Physik und auf der anderen Seite die Metaphysik. Hier die exakten Messungen der Astronomie und dort das Feld der spekulativen Astrologie. Entweder man war Materialist oder begriff sich als Idealist oder noch schlimmer man war ein fehlgeleiteter Esoteriker.

Mir machte es nicht die geringste Mühe, in einer andauernden Wissensverwirbelung die Welt völlig frei und vorurteilslos zu betrachten. Welterkenntnisgewinnung war für mich ein berauschender Tanz. Mich interessierten die Muster, mich faszinierten die formalen Ähnlichkeiten zwischen Wissenschaft, Alchemie und Kunst, ich liebte diese betörenden Momente, wenn man das Wissen aus unterschiedlichen Sphären miteinander spielerisch in Verbindung brachte und für kurze Momente von der Schönheit eines originellen Gedankens beseelt sein durfte.

Und ich hatte das tiefe Vertrauen, dass sich aus all diesen scheinbar unzusammenhängenden Erkenntnisschnipseln das Bild einer subjektiven Wahrheit zusammensetzen ließ.

Jeder Gedanke, der gedacht werden kann, hat die Tendenz, Realität zu werden.

Das wurde mein Leitmotiv bei meiner jetzigen und bei all meiner kommenden Forschungsarbeit.

Aber unbestritten galt auch: Das Leben war wesentlich einfacher, wenn man brav angepasst in seinem engen Glaubenskorridor mit der gleichgeschalteten Masse zum versprochenen Glück marschierte.

Die abgestandene Luft roch versöhnlich nach Heimat, mit ewig wiederholten Routinen desinfizierte man seinen Geist gegen revolutionäre Infektionen.

Vorne stehen bleiben, hinten aufrücken.

Gegenüber unserer Sozialwohnung wohnte Frau Rosen, eine rüstige, energiesprühende Kapitänswitwe. Sie war eine echte Frohnatur, liebte das Leben, zog sich immer modisch adrett an, war freundlich zu den Kindern, hatte des Öfteren charmanten Herrenbesuch, und ihr gurrendes Lachen erschallte fast täglich im Hausflur.

Über ihr hauste Herr Kamp, ein echt schräger Vogel im vorgerückten Mannesalter, der sommers wie winters mit einem langen, grauen Ledermantel und einem alten Schlapphut unterwegs war. Er roch selbst aus weitester Entfernung unbeschreiblich streng nach Knoblauch. Er sprach mit einer eigenartig hohen Fistelstimme, die an einen Eunuchen erinnerte. Manchmal hörte man aus seiner Wohnung ein lautes, gruseliges Wolfsgeheul, so dass man sich fragte, was in seinem Kopf vorging. Unsere Kinder fanden diesen Typ zum Fürchten.

Als ich einmal abends im Wäschekeller unsere Sachen von der Wäscheleine abnahm, kam er plötzlich wie ein Geistwesen hinter einem aufgehängten Bettlaken hervor, sagte mit seiner befremdlichen Fistelstimme: „Hallo, Herr Elle", und schlurfte wie ein aufgeschreckter Poltergeist zur Ausgangstür.

Da er aber wegen seines strengen Knoblauchgeruches überall seinen Standort verriet, war man vor unangenehmen Überraschungen gewarnt. Roch ich seine penetrante Note schon beim Öffnen der Kellertür, rief ich sofort: „Hallo, Herr Kamp schön, dass Sie hier sind", und dann kam er meist auch aus einer Ecke hervorgetippelt, grüßte freundlich und verschwand wie ein übelriechendes Krustentier von der Bildfläche.

Ein Hamburger Bekannter wies mich freundlich darauf hin, dass ich, wenn möglich vermeiden sollte, unsere aktuelle Wohngegend zu erwähnen. Neuwiedenthal sei allgemein als sozialer Brennpunkt mit einem sehr hohem Ausländeranteil bekannt, da wohnt kein ordentlicher Hamburger, sagte er mir. Winterhude, Eppendorf, Niendorf oder das kreative Altona, das konnte man in gewissen Kreisen beiläufig erwähnen, da wüssten die anderen gleich, wo man hingehört. „Aber Neuwiedenthal, nein, das geht gar nicht, wenn du was in Hamburg werden willst, dann sag besser, du wohnst im Hamburger Süden."

Hanna wollte unbedingt eine Katze haben. Unentwegt drängelte sie uns mit diesem Wunsch. Dann erzählte ihr eine Freundin, dass ihre Katze gerade Junge bekommen hatte und ob sie denn eins nehmen würde.
Wir liefen also mit einer kleinen Tasche zum Haus der Freundin, Hanna suchte sich einen kleinen Kater aus, und wir transportierten ihn anschließend aufgeregt nach Hause. Wir nannten ihn Max. Max war schwarz-weiß gefleckt, hatte herrliche weiße Pfötchen und fühlte sich vom ersten Tag wohl in unserer Familie.
Was wir alle übersehen hatten, war, dass er voller Flöhe war. Nach einer Woche war unsere gesamte Wohnung mit munter umherspringenden Flöhen übersät. Sie waren auf dem Teppich, saßen auf

dem Sofa, und selbst der Wäscheschrank war voller Flöhe. Ich hatte annähernd achtzig Bisse an den Beinen und war völlig entnervt. Wir badeten Max täglich mit spezieller Antiflohseife in der Wanne, kämmten ihn unter der Schreibtischlampe (und fanden einmal fünfzig Flöhe in seinem Fell), bis er nach einiger Zeit endlich von seiner Plage befreit war. Zum Schluss sprühten wir die ganze Wohnung mit einem speziellen Gas ein, weil wir mit den altbekannten Hausmittelchen dieser Plage nicht Herr werden konnten.

So war der Beginn unserer Beziehung zu Max etwas holprig, aber das war nur eine kurze Episode. Max überstrahlte mit seinem liebevollen Charakter jede familieninterne, emotionale Verspannung. Scheinbar spürte er, wenn sich angstvolle Energien bei einer Person aus unserer Familie etablieren wollten, dann legte er sich wie von fremder Hand geführt auf den Schoß, schnurrte betörend laut, kuschelte sich zart an, und die verdunkelte Seele wurde wieder ein klein wenig heller.

Nur einmal im Frühling jeden Jahres, verschwand er für zwei Tage, und selbst ohne aktive Hoden zog es ihn zum anderen Geschlecht hinüber, und Hanna und ihre Brüder liefen panisch rufend durch die Umgebung, bis ihn einer von ihnen glückstrahlend auf dem Arm wieder nach Hause zurückbrachte.

Vollkommen gebannt saßen wir mit der ganzen Familie im November 1989 zu Hause vor dem Fernseher und betrachteten mit sprachlosem Erstaunen und riesiger Freude den Fall der Berliner Mauer. Wir hatten immer angenommen, dass wir das niemals zu Lebzeiten erfahren könnten. Die deutsch-deutsche Grenze war einfach ein unumstößliches Faktum unseres Daseins.

Angesichts all dieser überwältigenden Bilder von jubelnden Menschenmassen, die fahnenschwenkend oben auf der Mauer saßen, mit ihren knatternden Trabis durch geöffnete Schlagbäume fuhren, wurde mir schnell bewusst, hier wird Weltgeschichte geschrieben.

Der Fall der Mauer war ein epochales Symbol. Der kalte Krieg in Europa schien auf einmal beendet, die Großmächte näherten sich wieder langsam an, es gab berechtigte Hoffnung auf eine friedlichere Welt.

Das alles fühlte sich an wie ein kleines Wunder. Eine tiefe Wunde im Herzen Europas war endlich geheilt, die deutsche Kriegsschuld womöglich gesühnt, Ost und West konnte wieder zusammenwachsen, dieses Ereignis strahlte in die ganze Welt hinaus.

Aber ganz tief in mir selbst, waren die Gefühle eher durcheinander. Mein Jubel über das Ende der DDR hatte irgendwie einen bitteren Beigeschmack. Ich fühlte mich nach knapp zwei Jahren im Westen Deutschlands noch lange nicht angekommen. Ich fühlte mich eher wie ein gesamtdeutscher herrenloser Bastard, am Rande der völligen Bedeutungslosigkeit mit elementaren Orientierungsschwierigkeiten, der in einer Vierundsiebzig-Quadratmeter-Sozialwohnung mit seiner Familie gestrandet war.

Wären wir in Leipzig geblieben, faselte ich still vor mich hin, wären wir mit Sicherheit Teil der friedlichen Revolution gewesen. Wir wären garantiert bei der Montagsdemo mitmarschiert, hätten die berauschende Energie der vereinten Massen erlebt und hätten mit nach Freiheit und Demokratie geschrien. Sicher hätten wir noch unsere große Hundertsechzig-Quadratmeter-Stadtwohnung, das Häuschen auf dem Lande, eine Menge übrig gebliebener Freunde und ein fadenscheiniges Gefühl von Heimat.

Die dagebliebenen Ostler hatten im Oktober 1989 den Zugang zur Freiheit in den Westen quasi geschenkt bekommen, brummte ich mürrisch vor mich hin.

Ja, Klaus, du bist ungerecht mit deinem Schicksal, hörte ich eine andere Stimme in mir sagen. Du bist bedauernswert, kleinmütig und neidisch, trauerst eurer alten Entscheidung hinterher, bezweifelst den Schritt der Übersiedelung jetzt im Angesicht des Mauerfalls als törichte Torschlusspanik. Du wolltest nur den Anschluss an die große, weite Welt nicht verpassen, wolltest mit dem westlichen Mainstream schwimmen, wolltest wie ein freier, mündiger Bürger farbenfrohe Karten aus Paris, Montreal oder Rom an die Dagebliebenen schreiben und sie dann stolz in irgendeinen Briefkasten an der Westseite der Mauer einwerfen.

Vielleicht ist unser kleiner Vorteil, rumpelte es weiter in meinem Hirn, dass wir einen kleinen Vorsprung im Enttäuschtsein von unseren goldenen Westillusionen schon hinter uns haben. „Sollen diese jubelnden Massen ihr unbeschreibliches Gefühl von Glück und Freiheit so lange, wie es geht, noch auskosten", dachte ich. „Die Ernüchterung kommt später." Wenn die Euphorie vorbei ist, wird man begreifen, dass man auch in dieser wachstumsschillernden Welt einen hohen Preis zu zahlen hat und diese Summe nicht in der alten Ostwährung zu begleichen ist.
„Glück passt sich den jeweiligen Umständen an", dachte ich. „Es ist relativ. Es verwurzelt sich in kontaminierten Trümmerhaufen wie in sonnensatt beschienenen, fruchtbaren Mutterböden. Egal, wohin einen die Hoffnung treibt, in welchen fremden Böden man sich neu verwurzelt, man nimmt immer einen kleinen Vorrat Heimaterde mit unzerrottbaren Erinnerungen mit."

Ich bin ein deutsches Mischwesen.
Gezeugt im roten Osten,
genährt mit trostloser Milch,

verzweifelt an der Ideologie sozialistischer Kleinbürger.
Angelockt von den medialen Versprechungen der westlichen Konsumwelt.
Antrag gestellt,
ausgereist,
angekommen im Reich des materiellen Überflusses,
eingezogen in eine Sozialwohnung,
abgestiegen zur menschlichen Bedeutungslosigkeit.
Aufgewacht durch den Schock dieser Erkenntnis,
begonnen die Suche nach meiner Vision, mit der Weisheit aller Hamburger Bücherhallen
und kleinen spirituellen Rundflügen.
Ich bin ein deutsches Mischwesen, mit kosmischem Stammbaum.

„Hallo, Klaus", sagte eine schwäbisch gefärbte Stimme durchs Telefon. „Ich komme gerade aus Leipzig, habe Judy in der Galerie Eigen + Art getroffen, und der sagte mir, ich sollte dich mal kontaktieren, damit wir über eine Ausstellung bei mir in der Hafenstraße reden können."
„Judy ist der neue Star unter den Galeristen", erzählte er weiter, „alle Westler reißen sich förmlich um ihn, da er quasi die einzige Privatgalerie im alten Osten hatte. Dazu scheint er ein Naturtalent in Selbstvermarktung zu sein. Der wird es mal ganz weit nach oben schaffen, das habe ich im Gefühl", fügte er an.
In der Tat, die westdeutsche Kunstwelt stürzte sich mit stürmischer Neugier auf Judys Galerie und seine Künstler. Man hatte mit seinem privaten Ausstellungsraum ein vital-renitentes Forschungslabor der kreativen Ausdruckskraft inmitten der sozialistisch beschnittenen Monokultur entdeckt und feierte dies wie ein

kleines ästhetisches Wunder als unerschütterlichen Beweis, dass selbst unter widrigsten Umständen große, authentische Kunst entstehen kann.

Mit seiner Galerie verband man eine aufregende Geschichte (und darum geht es doch immer in einem Markt des materiellen Überflusses), die sich phantastisch vermarkten ließ. Judy hatte genügend Charme, gottgegebene Menschenkenntnis und einen brillanten Geschäftssinn, so dass er spielend leicht durch jede geöffnete Tür der gesteigerten Aufmerksamkeit schlüpfte und im Spiel von Geld und Macht im globalen Kunstbetrieb seine Künstler dauerhaft etablieren konnte.

Ich traf mich ein paar Tage später mit Georg in seiner Galerie in der Hamburger Hafenstraße.

Georg war Spross einer süddeutschen Unternehmerfamilie und konnte sich nur schwerlich in das vorgesehene bürgerliche Konstrukt seiner Eltern einfügen. Er studierte Philosophie in Hamburg und später in Paris und liebte sein ungebundenes Aussteigerleben in der Großstadt. Schon früh reiste er durch den eingemauerten, verwunschenen Osten, traf sich dort mit Künstlern und originellen Nachtschattengewächsen der unbegründeten Hoffnung und half sogar einigen Leuten, die DDR durch verschwiegene Hinterausgänge zu verlassen.

Er lebte in einem herrlichen Schwebezustand fern von Müssen und Wollen, es ging ihm darum, Grenzen auszutesten, seiner Lust zu folgen, das Unbekannte zu umarmen und ein konkretes Ankommen, wo auch immer, so lange wie möglich hinauszuzögern.

Wir mochten uns vom ersten Augenblick an und kamen schnell überein, etwas in seiner Independent Galerie am Hafen zu machen.

Meine erste Ausstellung sollte also in der Galerie Abriss direkt am Hafen stattfinden. „Was für ein herrlich-symbolträchtiger Ort", freute ich mich.

Johannes war nur schwer zu bewegen, sich mit den anderen Kindern auf dem Hof oder in der näheren Umgebung mit spielerischen Beschäftigungen herumzutreiben. Er saß in jeder freien Minute ernsthaft vertieft an seinem Schreibtisch und zeichnete an seinem Weltpanorama. Beginnend von den ersten zivilisatorischen Regungen der Menschheit in der afrikanischen Savanne kritzelte er sich leichtfingrig hinüber in die Ritterzeit, entwarf monumentale Schlachtenszenen, scribbelte massive Steinschleudern mit voluminösen Wurfgeschossen, skizzierte auf den nächsten Seiten tief verzweigte Erz- und Kohlegruben, er konstruierte archaisch anmutende Fabriken des frühen Kapitalismus mit schwarz rauchenden Schornsteinen, Flugzeuge und Automobile bevölkerten in langen Reihen die nächsten Blätter, immer wieder tauchten unvermittelt fremdartige Bauwerke aus fernen Ländern auf, Flugzeuge und Satelliten schwebten weiter hinten im Buch oben am bewölkten Himmel – ein nicht enden wollendes zeichnerisches Werk, das all seine Energie verschlang. So arbeitete Johannes täglich, still besessen als kindlich-weiser Kartograph am Schicksalsatlas der Menschheit. (Und welch unfassbare Überraschung, dass er nach seinem Abitur dann auch noch Stadtplanung studierte).

David dagegen warf seinen Ranzen nach der Schule sofort vom Rücken und traf sich mit seinen Freunden im Innenhof. Er musste sich bewegen, unter Menschen sein, Dinge ausprobieren, Sachen basteln, war bei jedem blöden Streich in vorderster Front mit dabei und testete leidenschaftlich seine Grenzen aus. Später entdeckte er seine Freude an der Leichtathletik, engagierte sich als Jugend-

trainer im Sportverein, machte sein soziales Jahr im Kindergarten und zeigte eine natürliche Begabung, ganz unterschiedliche Menschengruppen mit pädagogischem Geschick anzuleiten.
Und Hanna, sie tanzte scheinbar fröhlich beschwingt durch ihre Kindheit. Sie brauchte stets Menschen um sich herum, machte schnell Kontakte, hatte wenig Interesse an Puppen, begriff intuitiv, wie die Dinge um sie herum so liefen, wo sich zwischen Personen unliebsame Konfliktfelder aufbauten und wie man sich selbstbewusst förderlich in die jeweilige Umgebung einbringen konnte. Vor allem brauchte sie Tiere in ihrer Nähe. Als sie etwas älter wurde, fuhr sie mehrmals auf einen Ponyhof, und diese frühe Leidenschaft für die Pferde hat sie nie verlassen.
Sie besaß einen starken Willen, eine natürliche Autorität war ihr in die Wiege gelegt worden, und ihren Gefühlen konnte sie freien Lauf lassen.

Mein sogenanntes Arbeitsleben bei meiner ABM-Stelle war ein munter-absurdes Theater mit renitenten Statisten im westdeutschen Wirtschaftswunderland. Jeder hatte scheinbar eine kleine psychische Delle, hatte große und kleine Brüche in seiner Biografie, aber wie man weiß, lassen sich aus unterschiedlichen Scherben trotzdem haltbare Gefäße herstellen, wenn man den richtigen Kleber findet.
In dem Falle war es ein ABM-SPD-Zweikomponentenklebstoff.
Meine Fotokurse waren gut besucht, meist fanden sie abends statt, wenn die Kinder im Bett waren. Es ging um grundsätzliche Dinge in der Fotografie, gute Beleuchtung, passende Ausrüstung und Kamera, Filmentwickeln, Vergrößern, und natürlich ging es auch um wichtige Gestaltungsfragen. Die Teilnehmer waren meist einfache, nette Leute mit proletarischem Hintergrund, wir hatten Spaß,

machten einige Exkursionen, alles passte irgendwie für mich gut zusammen.

Ich lernte dort zufällig Dr. Ellermeyer vom archäologischen Museum kennen, und der erzählte mir, dass sie am Museum einen Fotografen suchen würden, zwar nicht fest angestellt, aber das könnte doch für mich passen, meinte er.

Die Woche darauf stellte ich mich beim amtierenden Direktor Prof. Busch vor, und der erklärte mir, was zu meinem Arbeitsbereich gehören würde, fragte, ob ich das könnte und dass dies kein Anstellungsverhältnis wäre, sondern eine freie Stelle, die nach Aufwand bezahlt wird. Einen Tag in der Woche müsste ich aber anwesend sein, ich hätte ein kleines Fotoatelier und ein Labor, wenn mich das interessiert, könnte ich nächsten Monat anfangen.

Zu Hause besprach ich das mit Marion. In unserer Situation machte das Sinn, ich verdiente zwar nicht besonders viel Geld, aber zusammen kamen wir hoffentlich über die Runden.

Mutter rief mich am frühen Abend an und erzählte mir, dass Onkel Heinz gestern im Krankenhaus verstorben sei. Er hatte Bauchspeicheldrüsenkrebs, war zum Ende nur noch Haut und Knochen und wollte, dass sein Bruder bis zum Schluss an seinem Krankenbett sitzen sollte. Auf keinen Fall seine Frau Gerdi. So hatten sich die beiden Brüder am Lebensende wiedergefunden und gleichzeitig verloren.

Marion war fast fertig mit ihrem theoretischen Studium, meine ABM-Stelle lief in ein paar Monaten aus, aber dann konnte ich glücklicherweise im Museum als Fotograf anfangen. Die Jungs und auch Hanna gingen ohne Probleme zur Schule, die Wohnung war funktional eingerichtet, mit dem Geld kamen wir irgendwie zurecht.

Im Prinzip gab es so etwas wie eine neu erworbene Normalität.
Für Deutschland, für das werdende, neue, wiedervereinigte Deutschland, gab es das sicher noch lange nicht: Normalität.
Die neue deutsche Normalität wurde auf der großen Weltbühne ausgehandelt.
Im Moment gab es nur unsere unnormale, große Hoffnung.

Ein Atelier hatte ich immer noch nicht, ich vergrößerte meine Fotos im Keller, trocknete sie draußen auf der kleinen Terrasse und stapelte die Bilder in einem Regal gleich neben dem Doppelbett im Schlafzimmer. In der Wohnstube hatte ich eine kleine Ecke mit einer Plastikfolie abgeklebt, und wenn alle außer Haus waren, malte ich mit geschlossenen Augen ekstatische Figuren auf große Kartonbögen und kolorierte sie hinterher. Die Serie nannte ich „Große Gefühlsgestalten".

Marion hatte recht schnell in ihren unterschiedlichen Betriebspraktika begriffen, dass die Rolle der Frau im westlichen Deutschland eine völlig andere war, als sie es im Osten erlebt hatte. Sicher, man konnte natürlich viel Kritisches über die verflossene DDR äußern, aber die Gleichberechtigung zwischen Mann und Frau war eine gesellschaftliche Tatsache ähnlich der Gravitationskraft. Auf der großen politischen Bühne, im Staatsrat oder im Politbüro in Berlin sah das sicher noch etwas anders aus, da regierten männliche, linientreue Genossen, aber im täglichen Leben waren Mann und Frau faktisch gleichberechtigt. Die Ostfrau war laut Gesetz emanzipiert, der Mann war nicht mehr „der Herr im Haus", er war Partner, gleichberechtigter Mitspieler auf allen Ebenen im gesellschaftlichen wie im privaten Leben. Niemand wunderte sich, wenn ich als Mann ausschließlich allein in der Mütterberatung auflief, kuriose Geschichten über die Verwendung der Muttermilch der staunenden Kinderärztin erzählte und dann im Wartezimmer den anderen Vätern beim Babywickeln zuzwinkerte. Das Rollenverhalten von Frauen und Männern war ein situationsabhängiger fließender Gestaltungsprozess, es ging bei der Arbeit oder im Privaten stets darum, pragmatische Lösungen zu finden, Kompetenz ging vor Geschlecht. Der alte patriarchalische Männerbonus gehörte für uns in die Mottenkiste der Geschichte.

Mit diesem Erfahrungshintergrund fiel es Marion echt schwer, sich in die männerdominierten Hierarchien in einem Unternehmen einzufügen. Allabendlich berichtete sie mir von blöden Bemerkungen ihrer Vorgesetzten, wunderte sich über die durchschaubaren, patriarchalischen Machtspiele und realisierte erst mit der Zeit, dass die Emanzipation der Frau im Westen Deutschlands kaum über ein frühpubertäres Stadium hinausgelangt war.

Mit ihrer konsequenten emanzipierten Haltung hatte sie deshalb nicht die geringste Lust, eine Karriere in irgendeinem männerhierarchielastigen Unternehmen zu machen, sich mit Sex-Appeal und Willenskraft als Ostfrau hochzuarbeiten, ihr gefiel vielmehr die Vorstellung, wenn das Studium zu Ende war, wieder in irgendeiner Weise zu unterrichten.

Bei meinen kleinen Fotorundfahrten im Harburger Hafen entdeckte ich das Ausbesserungswerk der Deutschen Bundesbahn gleich neben den Gleisen am Bahnhof. Große Lkws standen auf den Parkplätzen, man trug allerlei Sachen aus den Büroräumen auf die Ladeflächen, und Gabelstapler transportieren alte Maschinen aus einer benachbarten Halle ins Freie. Ich fragte einen verschwitzten Bahnangestellten, was hier los sei, und der sagte mir, das Werk sei seit einer Woche geschlossen, alles wird ausgeräumt und demnächst wird hier alles abgerissen, wenn der Denkmalschutz nichts dagegen hat.

Fasziniert schlenderte ich allein über das riesige Gelände und war hingerissen vom morbiden Charme dieses Geländes. Ganz besonders gefiel mir eine kleinere Halle gleich beim Eingangstor, wo in verblichenen Buchstaben „DB-Stofflager" auf der bröckligen Wand noch zu lesen war.

Da das Tor offen stand, lief ich in die unterste Etage, ging die Treppe nach oben, schaute mich in dem leergeräumten, sonnendurchfluteten Raum um, und mein Herz fing aufgeregt an zu schlagen bei der irrwitzigen Vorstellung, diesen Raum als Atelier nutzen zu können.

„Vielleicht ist das ein Wink des Schicksals", dachte ich. „Ich bin nicht zufällig hierhergekommen, probiere einfach, was du aus dieser Situation herausholen kannst."

Vorn beim Verwaltungsgebäude sah ich noch einige Mitarbeiter herumlaufen, ich fragte mich drinnen im Haus zum Chef des Ausbesserungswerkes durch. Wie ich erfuhr, war er noch da, erste Etage, dritte Tür rechts. Ich klopfte an die Tür, „herein", sprach eine sonore Stimme, ich trat also ein, sagte, dass ich Fotograf am Archäologischen Museum sei, dass ich für einige Fotoaufnahmen eine passende Location mit Oberlicht suchen würde und ob ich nicht für kurze Zeit den oberen Raum im ehemaligen Stofflager dafür nutzen dürfte.

Der Betriebsleiter schaute mich prüfend an: „So, so, sie sind also Fotograf am Archäologischen Museum. Ich war da mal drin vor langer Zeit. Die haben ja Unmengen an alten Töpfen, Faustkeilen und Scherben ausgestellt, war ganz nett, aber ein zweites Mal muss man da nicht hin."

„Ich geh bald in Pension", fuhr er fort, „das ganze Ausbesserungs-

werk, in dem ich über dreißig Jahre gearbeitet habe, ist jetzt Geschichte, es wird demnächst platt gemacht oder auch anders genutzt, und wenn Sie mal was Größeres zu fotografieren haben, Herrgott, dann machen Sie das einfach oben im Stofflager, solange die Gebäude noch stehen, meinen Segen haben Sie."
„Kommen Sie nächste Woche wieder vorbei, dann ist hier alles raus", fügte er hinzu, „und sagen Sie mal, wo kommen Sie eigentlich her, Sie klingen ja wie einer aus dem alten Sachsenland?"
„Ich komme aus Leipzig", erwiderte ich mit humorvollem Unterton, „ich bin ein kreativer Ostimport, der das kapitalistische System reformieren soll".
„Na so was", schmunzelte er, „dann fangen Sie mal hier in den alten Hallen an, den fauligen Kapitalismus zu reformieren. Übrigens meine Frau ist in Dresden geboren, deshalb höre ich gleich den tranigen Klang des sächsischen Dialektes."

Eine Woche später begab ich mich wieder mit mulmigen Gefühlen zum Ausbesserungswerk. Der Betriebsleiter empfing mich sehr freundlich, sagte mit heiterer Miene: „Da ist ja unser sächsischer, kreativer Ostimport, der alles reformieren will", gab mir drei Schlüssel in die Hand, zwei vom Stofflager und einen vom schweren eisernen Eingangstor zur Straße hin. Ich fragte etwas irritiert: „Soll ich denn einen Vertrag oder was ähnliches unterschreiben, und was soll ich denn bezahlen?", worauf er antwortete: „Sie sind doch gar nicht offiziell da, Sie machen doch nur ab und zu ein paar Fotos fürs Museum, verstehen Sie, das muss doch keiner wissen, benehmen Sie sich ordentlich, alles Gute und viel Erfolg", drehte sich um und ich blieb angewurzelt sprachlos auf der Stelle stehen.
Ich nahm den Schlüssel zur Eingangstür vom Stofflager in die

Hand, öffnete die schwere Holztür und lief wie benommen durch die leeren Räume.

Das waren zusammen mit den Nebenräumen fast dreitausend Quadratmeter Fläche auf zwei Ebenen, schätzte ich. Es gab kein Wasser, keine funktionierende Toilette, aber der Strom kam noch aus der Steckdose, damit konnte man leben.

Das spitzwinkelige Glasdach ließ sich mit einer alten Kurbel öffnen. In einigen Räumen standen noch riesige Tische mit allerlei tiefen Gebrauchsspuren herum, massive Holzbohlen lehnten an der Wand, rustikale Wagen zum Transport von kleinen Paletten hatte man draußen unter einem Dach geparkt und je weiter ich auf dem verlassenen Gelände herumlief, desto mehr interessante Gegenstände entdeckte ich und transportierte sie Stück für Stück ins alte Stofflager.

Ich kam mir vor wie eine ängstlich gezüchtete Topfpflanze, die jahrelang in einer muffigen Stube herumgestanden hatte, und auf einmal verpflanzte man sie in die Erde eines lichtdurchfluteten riesigen Gewächshauses.

Es gab jetzt so viel Raum, Weltraum, Arbeitsraum, Entwicklungsraum.

Ich war ein Einmannbetrieb ohne Businessplan.

Ich gehörte zur Zunft des Erkenntnismaschinenbauer.

Bei mir gab es keine verbindlichen Verträge, kein festes Einkommen, keine geregelten Arbeitszeiten.

Verbrauchte Materie war mein billiger Rohstoff, den ich mit Geist transformierte für temporäre visionäre Rundflüge zu den Grenzgebieten des Vorstellbaren.

Als gesamtdeutsches Hybridwesen begann ich mein Ausbesserungswerk an den globalen Erinnerungslücken.

Vielleicht entstand etwas Kunst, oder ich musste bald raus, und alles musste weg, aber das werden andere entscheiden.
Ich hatte tausend Ideen im Kopf, in mir wuchsen verwegene Skulpturen aus dem Hirn. Wenn ich sie nicht baue, werde ich verrückt.
Wie besessen sammelte ich in rastloser Eile auf dem gesamten Gelände die ermüdete Materie und schaffte sie ins Stofflager zum anschließenden Umdeuten.
Ich hatte keine Ahnung, wie lange ich hier unbemerkt arbeiten konnte.
„Ich muss mich beeilen", dachte ich, „ehe sich der Freiraum schließt und das Grundstück wieder für profitable Zweckbauten genutzt wird."

Meine künstlerische Vision ist der Fixstern, an dem ich meine Lebenslinie festgebunden habe.
An dieser virtuellen Leine hängen meine Bilder und flattern wie Bekenntnisse eines unbeirrbaren Narren und Propheten.

Marions Mutter besuchte uns zum ersten Mal in Hamburg. Sie hatte sich chic zurechtgemacht, trug einen halblangen, sandfarbenen Übergangsmantel, der farblich gut zum dunkelbraunen Pullover passte, und für ihre Reise hatte sie sich extra einen knallroten, kleinen Koffer gekauft.
„Ich kann doch nicht mit meinem alten, zerfledderten Ostkoffer hier bei euch auftauchen", sagte sie lächelnd, als sie Marion bei der Begrüßung drückte, „und was sollen denn eure Nachbarn denken, was ihr für ärmlichen Besuch bekommt."
Wir wussten, dass Hamburg für sie mit schmerzlichen Erinnerungen verbunden war. Kurz nach dem Krieg lernte sie in Leipzig bei

Freunden einen Mann aus Hamburg kennen. Er hatte für einige Zeit in Leipzig beruflich zu tun, sie trafen sich dann öfters allein in der Stadt, gingen zusammen ins Kino, verbrachten gemeinsam die Wochenenden und verliebten sich allmählich ineinander. Peter wurde nach ein paar Monaten nach Hamburg zurückbeordert und lud Lisa zu sich in den Norden ein. Beide schmiedeten Pläne für ein gemeinsames Leben in Hamburg. Lisa gefiel die Stadt, Peter hatte eine eigene, kleine Wohnung, und beide wollten unbedingt so bald wie möglich heiraten. Doch dann kam Peter tragischerweise bei einem Autounfall ums Leben. Lisa erhielt die Nachricht ein paar Tage später per Telegramm, und alle ihre schönen Träume waren abrupt ausgeträumt.

Und jetzt so viele Jahre später wieder eine Reise nach Hamburg. Nun zur eigenen Tochter mit ihrer Familie.

Die Kinder freuten sich und nahmen ihre Oma in die Mitte.

Später zeigten sie ihr die Schule, nahmen sie auf den Sportplatz mit, gingen zusammen in den Supermarkt einkaufen, und abends setzte sich Max ganz selbstverständlich auf ihren Schoß.

Tags darauf erzählte sie uns, dass die ehemaligen LPG-Wohngebäude (wo sie seit Ende der fünfziger Jahre zur Miete gewohnt hatten und wo Marion aufgewachsen war) Haus für Haus zum Verkauf angeboten werden, dass fast alle Nachbarn neue oder gebrauchte Westautos gekauft hätten („Wir behalten aber unseren alten Wartburg-Tourist"), dass der kleine Konsumladen vorn an der Ecke zugemacht, aber gleich daneben ein riesiger ALDI eröffnet hätte. Sie berichtete weiter, dass sie mit ihren beiden Westrenten bequem leben könnten („die deutsche Wiedervereinigung ist wirklich ein Geschenk für uns, denn wir bekommen nun die doppelte Rente"), dass Opa weiter sein sächsisches

Bier trinkt, seine Lieblingssendungen im Fernsehen mit einem Videorecorder aufzeichnet und dass sie weiterhin die „Leipziger Volkszeitung" lesen.

„Wir müssen doch nicht allen Konsumquatsch aus dem Westen mitmachen", sagte sie bestimmt, „es ist doch toll, dass wir jetzt überall in der Welt reisen könnten, aber in unserem Alter muss man das ja nicht mehr unbedingt tun. Wir waren immer schon bescheiden, und das werden wir auch im vereinten Deutschland bleiben."

An einem warmen Frühlingstag machte ich mich mit meiner Fotoausrüstung auf den Weg zur unbewachten innerdeutschen Grenze. Ich lief am Schaalsee auf der alten Ostseite über die betonierten Plattenwege, und ich erinnerte mich, wie ich selbst vor vielen Jahren auf einem Geländewagen über ähnliche Betonpisten geholpert bin. Damals war ich neunzehn, in Uniform gekleidet, eine MPi in der Hand und diente als unwilliger Soldat bei der Sicherung des antifaschistischen Schutzwalls vor westlichen Aggressoren. Viel wichtiger war unbestritten die unausgesprochene Funktion der Grenze nach innen, denn man musste mit allen Mitteln die DDR-Bürger an einer Flucht in den Westen hindern.

Aus heutigem Abstand betrachtet, hatte die DDR-Führung (und die mächtigen Freunde in Moskau) wohl gar keine andere Chance, als eine Mauer zu bauen. Ohne diese Mauer hätte es irgendwann einen Sozialismus ohne Menschen gegeben, der Großteil der Bürger hätte sich mit hoher Wahrscheinlichkeit in den Westen abgesetzt.

Bei allen unterschiedlichen, politischen Statements auf beiden Seiten ging es doch primär immer um den Sieg der Materie.

Auf allen Ebenen ging es letztendlich ums Haben.
Ums Mehr-Haben.
Ums Viel-Mehr-Haben.
Und wer weniger hatte, der hatte verloren.
Materiell wie ideologisch.
Auf dieser Ebene würde sich der Wettbewerb der Systeme entscheiden.
Es war naiv zu glauben, dass man die enorme Diskrepanz zum Westhaben mit marxistischen Ostidealismus auffüllen könnte.
Dazu kam, dass die Parteiführung keine Ahnung hatte, wie tief die alten kulturellen Prägungen im kollektiven Unterbewusstsein der Menschen saßen.
Kultur ist ein mächtiger, unsichtbarer Parasit, der in unseren neuronalen Netzwerken haust, der sich von Generation zu Generation unbewusst fortpflanzt und sich geschmeidig gegen jedwede Form ideologischer Beeinflussung wehrt. Jede noch so schöne Verheißung, jede noch so oft wiederholte mächtige Parole trifft auf die harte Schale kultureller Gewöhnung. Das Krokodilhirn liegt träge im Strom seiner Erinnerungen und schnappt sich jede flüchtige Zelle der Veränderung, die ans andere Ufer der Erneuerung möchte.
Jetzt schlenderte ich entspannt über das sogenannte grüne Band, die ehemalige deutsch-deutsche Grenze und staunte, wie sich an den Rändern der alten Feindschaft eine gesunde, unberührte Landschaft entwickeln konnte.
Man könnte meinen, die Natur verstünde etwas von Ironie. Denn im verbotenen Niemandsland der ehemaligen Grenze war in aller Stille eine üppige Vielfalt gewachsen, die uns lehrt, dass fern ideologischer, menschlicher Einflüsse nachhaltige Lebensräume entstehen können.

Meine fotografische Arbeit im Museum war nicht besonders anspruchsvoll noch irgendwie aufregend. Ich fotografierte Scherben, Pfeilspitzen, Gürtelschnallen, antike Schmuckstücke, Silbermünzen, eben all solche Dinge mit Bezug zur Archäologie. Es wurden Repros für Vorträge benötigt, manchmal machte ich Fotos bei Ausgrabungen, dokumentierte aktuelle Ausstellungen. Es ging nicht um ästhetische Hochseilakrobatik, die Bilder mussten gut ausgeleuchtet und scharf sein, im Prinzip einfaches Handwerk, so war mein Kopf frei, um mich um meine künstlerischen Projekte kümmern zu können.

Da ich auch außerhalb meiner offiziellen Tätigkeit für das Museum das Labor und das kleine Atelier benutzen durfte, ergriff ich diese Gelegenheit, um viele Reproduktionen aus ausgeliehenen Büchern zu machen. Im Laufe der Jahre machte ich hunderte Repros von Galaxien, Erdoberflächen, Zellkernen, Atomen, Materialoberflächen, Pflanzenteilen, Spermien, Embryonen, Organen, Hautsegmenten, Steinen, Augäpfeln, Gehirnscheiben, Monden, Schimmelpilzen, oder Wasserwirbeln.

Ich war fasziniert von den winzig kleinen Mikrowelten, gleicherweise fesselten mich die riesengroßen Makrostrukturen. Ich war regelrecht besessen, meine Abbildsammlung von den Grundbausteinen der Realität ständig zu erweitern. Ich realisierte, dass das, was wir als unsere sichtbare Realität begreifen, nach beiden Seiten völlig offen war. Man konnte immer weiter in noch winzigere atomare Strukturen hineinzoomen, gleichzeitig war der kosmische Raum mit seinen expandierenden Universen grenzenlos ausgedehnt, wobei ein Ende oder eine wie auch immer zu definierende Grenze völlig über unser Vorstellungsvermögen hinausging.

Das Wunderbare an der fotografischen Auslegware war nun, man konnte diese beiden Welten des Allerkleinsten und des Allergrößten auf einer gemeinsamen Betrachtungsebene anschauen und frappierende Ähnlichkeiten in den formalen Strukturen aufzeigen. Mir wurde klar, all diese unterschiedlichen Dimensionen der uns wahrnehmbaren Wirklichkeit werden aus derselben Quelle gespeist.

Die alten Alchimisten beschrieben das vor Jahrhunderten so: Das Große gleicht dem Kleinen, das Untere gleicht dem Oberen und das Obere dem Unteren zur Vollendung der Wunder des Einen.

Und wie alle Dinge aus dem Einen sind, aus der Meditation des Einen, so werden auch alle Dinge aus dem Einen durch Abwandlung geboren.

Im Atelier fing ich an, mit diesen Fotos Skulpturen zu bauen. Ich integrierte in manche Objekte hunderte dieser Mikro- und Makrofotografien, die ich zuerst auf Fotopapier abzog und dann hinter Glas klebte. Von der Ferne sah das aus wie fein gezeichneter Marmor, man konnte dieses Material in keine richtige Kategorie einordnen. Im Stillen nannte ich das dann folgerichtig fotografische Bewusstseinsmaterie.

Was mir in diesen Jahren einfach fehlte, war ein philosophischer Ansatz, um meinem expandierenden Gedankenuniversum einen sinnvollen Bezugsrahmen zu geben. Ich fühlte mich verloren in den herkömmlichen Kategorien der Weltdeutung.

Die alten monolithischen Götter mit ihren fossilen Religionen und ihrer verstaubten Theologie hatte für mich absolut keine Relevanz mehr. Der Marxismus war brillant in der Analyse des frühen Kapitalismus, schloss aber radikal jegliche Spiritualität aus. Er ging davon aus, dass alles materiell erklärbar sei. In der immer größeren Verfeinerung energetischer Materieströme würde sich Geist entwickeln, dagegen war jede Religion Opium fürs Volk, nur durch die aufklärerische Kraft eines kommunistisch geformten Bewusstseins könnte eine ausbeutungsfreie, gerechte Gesellschaft erschaffen werden.

Zu den moderneren Philosophen des zwanzigsten Jahrhunderts wie Adorno, Heidegger, Foucault hatte ich kaum Bezugspunkte, das war für mich schwer verdauliche rationale Kost. In dieser abstrakt-theoretischen Höhe ging mir einfach die Luft aus, ich konnte keinen brauchbaren Bezug zu meinem Leben herstellen.

Ich suchte einen integralen Ansatz, eine auf Kooperation basierende Weltsicht, in der sich die eine Seite mit der anderen nicht permanent im Widerspruch befand, nicht stur und steif behauptete, nur ihre Sicht der Dinge wäre die einzig wahre.

Ich suchte nach einer lebendigen Anschauung, die fähig war, aus einer holistischen Sicht die Widersprüche unterschiedlicher philosophischer Betrachtungsweisen zu versöhnen und das Gegensätzliche als inspirierenden Motor für unsere Entwicklung zu begreifen.

Im herkömmlichen Denken forderte man immer: Du musst eine eindeutige Haltung haben. Du musst dich zu einer Sache, zu einer Seite, zu einer Partei bekennen.
Entweder ... oder.
Schwarz oder weiß.
Für mich oder gegen mich.
In diesem Sinne war ich haltungslos.
Ein charakterloser Wendehals.
Ein neugieriger Allesversteher.
Irgendwie hatte ich ein weitreichendes Verständnis meist für beide Seiten.
Einige meinten, das sei typisch für einen Künstler, er mache sich

in der Welt die Hände nicht schmutzig, produziert in seiner eigenen Welt nur ästhetische Phänomene, die nichts weiter bedeuten wollen, als Kunst zu sein.

In dieser unruhigen Such- und Orientierungsphase entdeckte ich glücklicherweise den amerikanischen Denker Ken Wilber, der die integrale Philosophie begründet hatte. Sein Standardwerk „Eros, Kosmos, Logos" wurde mir zum geistigen Leitfaden, mit dem ich mein ausuferndes Informationspuzzle organisieren konnte. Auf geniale Weise verband er das derzeitige Weltwissen aus Psychologie, Biologie, Philosophie, Physik, Mathematik, Ökologie, Ökonomie, Spiritualität und allgemeine Geisteswissenschaften zu einem faszinierenden Betrachtungsmodell, das für mich wie ein Kompass funktionierte, um aus der fossilen Zeit in die solare Zukunft aufbrechen zu können.

In gewisser Weise kreiste meine gesamte künstlerische Arbeit von Anfang an unbewusst um sein integrales Modell.

Lebe so, dass in dir und außerhalb von dir immer mehr Variationen entstehen können.

Dieser Satz schien mir auszureichen, um meine pragmatische Lebensphilosophie auf den Punkt zu bringen.

Alles, was Beine hatte und eine gewisse pädagogische Befähigung besaß, wurde in den neunziger Jahren von West nach Ost geschickt, um die erfolgreiche Gewinnerstrategie im sozioökonomischen Wettbewerb der Systeme den ostdeutschen Brüdern und Schwestern beizubringen.

Für viele Westmenschen war das eine Art von Widervereinigungs-Goldrausch. Scharen von Lehrern, Professoren, Beratern, Ökonomen, Beamten und Coaches pendelten monatelang zwischen West und Ost und verdienten in extrem kurzer Zeit unsagbar viel Geld.

Da sich im arrivierten Lehrbetrieb im Westteil so manche pädagogische Lücke auftat, ergaben sich plötzlich für Marion interessante Angebote für eine Lehrtätigkeit.
Sie hatte mittlerweile ihr BWL-Studium erfolgreich abgeschlossen und begann, an einer Hamburger Privatuniversität zu arbeiten, gleichzeitig war sie an einer Abendakademie tätig und unterrichtete Mathematik.

Johannes ging wie fast alle seiner Mitschüler zum Konfirmationsunterricht. Nicht wirklich begeistert, seine Seele hatte kein religiöses Feuer erfasst, eher war das ein kultureller Anpassungsakt.
Nach dem Gottesdienst gingen wir mit den angereisten Großeltern in ein nettes Lokal, es wurden Briefumschläge mit Geldscheinen hin und her geschoben, Vater sagte: „Früher im Osten hatten wir eben die Jugendweihe, quasi einen säkularen Ersatz für die Konfirmation, aber wie es aussieht, braucht jede Gesellschaft ihre Rituale, um moralische Verhaltensrichtlinien zu etablieren und die verschiedenen Lebensabschnitte eines Menschen mit Bedeutsamkeit aufzuladen."
Von seinem Geld kaufte sich Johannes ein paar Wochen später seinen ersten Computer und begann spielerisch, digitale Städte zu entwerfen.

Ein Raum in der Stasiunterlagenbehörde in Leipzig. Graugrün verblichene Farbe, kaltes Licht aus flackernden Neonlampen, ein paar Holzstühle an der Wand, vor mir eine Reihe Wartender, gedämpfte Wortwechsel am Tresen. Schon beim Eintreten fing man an, seine Stimme automatisch zu senken, als würde man die ideologische Friedhofskapelle der vergifteten Erinnerungen betreten.
Ich zeige der älteren Frau hinter dem Schreibtisch mein Erlaub-

nisschreiben, dass ich meine Unterlagen einsehen könne. Sie geht zielgerichtet zu einem großen Aktenschrank und zieht einen dünnen Hefter heraus.

„Herr Elle", sagt sie, „das ist Ihre Akte. Einige Namen sind geschwärzt, einige Seiten sind verlorengegangen, das ist alles, was wir über Sie haben."

Dann verweist sie mich in den Leseraum, dort könne ich in aller Ruhe meine Akte studieren.

Ich bedanke mich, nehme den Ordner und setze mich an einen freien Tisch. Stille. Ab und zu ein lautes Räuspern, dann zischt einer am Nebentisch, „Aha, der W. der war also der Spitzel, hab ich's mir doch gedacht."

Ich entnehme aus meiner Akte, dass unser junger Nachbar in der letzten Wohnung in Leipzig ein Stasimann war und ein Profil über mich angelegt hat. Er beschreibt mich als sympathischen Familienvater, der sich gut um die Kinder kümmert, einige Male harmlosen Westbesuch zur Messe empfing, sich ansonsten aber unauffällig verhielt. Fazit: als Stasiinformant kaum geeignet.

Ein paar Jahre früher, als ich in der evangelischen Studentengemeinde sehr aktiv war, Fotos von Reiner Kunze und von anderen unangepassten Literaten gemacht hatte, da fanden sie mich schon eher interessant, aber aus irgendwelchen Gründen verlief meine Anwerbung dann doch im Sand.

Ansonsten stand kaum etwas Interessantes in meiner Akte. Meine Aktivitäten während des Studiums an der HGB wurden nicht erwähnt, die Zeit bei Eigen + Art war nicht präsent, nur ein Bericht stach wirklich heraus. Es war ein niederschmetternder Zerriss über meine Ausstellung 1986 im Studio bildende Kunst in Berlin, die einen Stasiinformanten augenscheinlich in höchste Erregungszustände gebracht haben musste.

Er schrieb da wortwörtlich: „Die Bandbreite der negativen Tendenz dieser Ausstellung umfasst ein Spektrum, das man etwa mit folgenden Vokabeln charakterisieren muss: Tendenz zum Fiesen, Unbehaglichen bis Abstoßenden, Ungesunden bis Ekelerregenden, Widerwärtigen, Hässlichen, Morbiden, Selbstzerstörerischen, Verdrehten, Kaputten, dämonisch Abgründigen, Sadistischen, Perversen und nicht zuletzt Sexualpathologischen!
Ist der VBK DDR, Leipzig wirklich stolzer Nährboden des so in unsere Hauptstadt eingeschlagenen kultur-ideologischen Pestbrockens dieser Ausstellung?"
Im Weiteren gab er seiner Fassungslosigkeit Ausdruck, dass so ein begabter junger Fotografiker, der an einer renommierten Kunsthochschule studieren durfte, auf solche Abwege geraten konnte.
Nach dem Lesen dieser Lektüre wusste ich nicht, ob ich lachen oder weinen soll. Meine Arbeiten hatten diesen Spitzel wahrlich tief berührt. Da fühlte sich eine reine, linientreue Seele durch meine wild-chaotische Suche nach Sinn und Wahrheit extrem beschmutzt. Diese Abgründe hatten in seiner glattgebügelten, sozialistischen Welt nichts zu suchen. Das musste verboten werden, was ja auch in gewisser Weise geschah.
Auf der anderen Seite war es doch phantastisch, dass sich jemand so sehr über künstlerische Arbeiten aufregen konnte. Es fehlte eben nur der adäquate Dialog, die produktive Auseinandersetzung mit dem verdrängten Schatten, mit der anderen Seite, der sogenannten Wirklichkeit.
Tags darauf erzählte mir ein alter Bekannter aus Leipziger Kindertagen, dass der Fleischerladen schräg gegenüber von unserem Haus in der Paul-Heyse-Straße eine Umkleidestation der Stasi gewesen war. In den hinteren Räumen hingen auf Kleiderbügeln hunderte Klamotten, verschiedene Taschen, Schirme und Hüte la-

gen fein beschriftet in Regalen, unterschiedliche Perücken waren vorrätig, und selbst Bärte zum Ankleben waren da.

„Das ist doch vollkommen verrückt", meinte er, „und keiner von uns hat das bemerkt. Kein Wunder, dass wir uns immer gefragt haben, warum nie frische Wurst und genügend Fleisch erhältlich war. Alles war nur Kulisse, ein echt versauter, verwurstelter Stasiladen."

Ich blieb noch einige Tage länger in meiner alten Heimatstadt und machte biografische Erinnerungstouren.
Überall wurde gebaut, überall standen Gerüste. Fenster wurden ausgetauscht, Dächer neu gedeckt, Straßen aufgerissen und fachgerecht asphaltiert. Stromlinienförmig designte Straßenbahnen fuhren auf schallgedämpften Schienen, vor neu errichteten Supermärkten parkten in friedlicher Eintracht klapprige Trabants neben gebrauchten Mercedeslimousinen.
Leipzig, meine grauverrußte, kohlenverdreckte Heimatstadt fing wieder an zu strahlen. Sie kam mir vor wie ein prächtiges Collier, das lange in einer verstaubten Ecke der Weltgeschichte herumgelegen hatte und nun blitzsauber geputzt am Hals einer demokratisch gewählten, gesamtdeutschen Schönheitskönigin funkelt wie zu alten Zeiten.
Komischerweise war mir bei aller Funkelei das Altvertraute fremd geworden.
Vielleicht ist die Melancholie die Vorstufe einer wirklich freudigen Rückkehr in die renovierte Vergangenheit, schrieb ich in meinen Kalender.
Ich hatte Sehnsucht nach meinem Ausbesserungswerk und der Familie.

Als wir Jette und Erasmus trafen, erzählten sie uns, dass sie bald wieder nach Leipzig zurückkehren wollten.
„Wir sind hier im Norden nicht heimisch geworden", meinte Erasmus. „Die Sachsen haben einfach eine andere Mentalität, sind herzlicher, wärmer, da fühlt man so was wie Heimat. Hier ist die zwischenmenschliche Luft für uns zu kühl. Außerdem sind jetzt die Immobilien im Osten noch supergünstig, und die Grenze ist weg."
„Unsere alten Entscheidungen, die wir im Osten trafen, sind heute nicht mehr zwingend bindend", sagte mir Jette zum Abschied.
„Aus heutiger Sicht waren unsere naiven DDR-Träume von grenzenloser Freiheit mit all den überzogenen Hoffnungen absolut verständlich. Jetzt, wo wir hautnah erfahren haben, welchen Preis man in dieser kapitalistisch geprägten Freiheit zu zahlen hat, sehnt man sich wieder nach der Restwärme seiner befreiten, sozialistisch geprägten Brüder und Schwestern zurück."

Im Fotoforum Bremen hatte ich eine größere Ausstellung zusammen mit dem Chemnitzer Künstler Hähner-Springmühl. Zur Ausstellungseröffnung spielte er mit seiner schrägen Free-Jazz-Band so exzessiv laut, dass die parfümierte, deodorantgeschwängerte Luft angeregt wurde, sich von ihren wohlstandsgesättigten Wohlgerüchen für immer zu befreien.

In einem alten Büroraum im Ausbesserungswerk richtete ich mir ein improvisiertes Fotolabor ein. Mit meinem alten Diaprojektor projizierte ich Negative an die mit Fotopapier vernagelte Wand und entwickelte und fixierte anschließend das Papier kniend am Boden. Da die einzelnen Fotoabzüge ein mal zwei Meter groß waren, musste ich mit totalem Körpereinsatz und unter Zuhilfenahme von Scheuerlappen und Schwämmen die latenten Silbersalze zum Leben erwecken.

Ich arrangierte für jedes Foto drei Motive aus meiner Weltsymbolsammlung zu einem thematisch konsistenten Triptychon. Mich interessierte, wie ich in einer fotografischen Sprache Grundmuster unserer Kultur symbolisch verdichtet darstellen konnte. Einzelne Themen wie zum Beispiel Macht, Gewalt, Religiosität, Forschung, Sexualität, Sünde, Frau, oder Geburt kombinierte ich völlig intuitiv, damit eine sinnliche Annäherung an das spezielle Thema möglich werden konnte.

Zum Wässern rollte ich ganze Bündel der großen Fotoabzüge zusammen und lief in die benachbarte Halle, wo es noch einen Gruppenwaschraum mit riesigen Waschbecken und fließendem Wasser gab. Hier wässerte ich die Papiere eine Weile, bevor ich sie weiter mit ganz unterschiedlichen Tonungsbädern bearbeitete. Nach der Behandlung mit speziellen chemischen Substanzen, verschwand das Silberbild fast vollständig und musste einen Tag in der Sonne trocknen, bis es wieder einen Sepiafarbton annehmen konnte.

Für mich waren das alchemistische Badekuren für das schwarzgraue Fotopapier. Ich ätzte gewissermaßen unkalkulierbare Verfallsspuren in die gewöhnlichen Oberflächen der verfestigten Annahmen über das Wesen unserer Kultur.

Alle Bilder sollten wie Ausgrabungsfragmente aus einer fernen Zukunft aussehen. Wie man weiß, Zeit ist relativ. Genau wie der Zerfall dieser Fotos.

„Welt-Bilder" habe ich später die ganze Serie genannt.

Fritz aus der Schweiz besuchte uns wieder in Hamburg. Er lebte mittlerweile in einem großen Loft am Rande des Zürichsees. Sein

Künstlerische Arbeiten in Hamburg
von 1988 bis heute

„Große Gefühlsgestalten" | 1988 | Acryl auf Karton

„Große Gefühlsgestalten" | 1988 | Acryl auf Karton

„Erleuchtungen" | 1986–1999 | getonte Fotografien

„Erleuchtungen" | 1986–1999 | getonte Fotografien

"Übermalte Erleuchtungen" | 2003 | Acryl auf Fotopapier

„Übermalte Erleuchtungen" | 2002 | Acryl auf Fotopapier

„Übermalte Erleuchtungen" | 2003 | Acryl auf Fotopapier

„Welt-Bilder" | 1992–1996 | getonte Fotografien

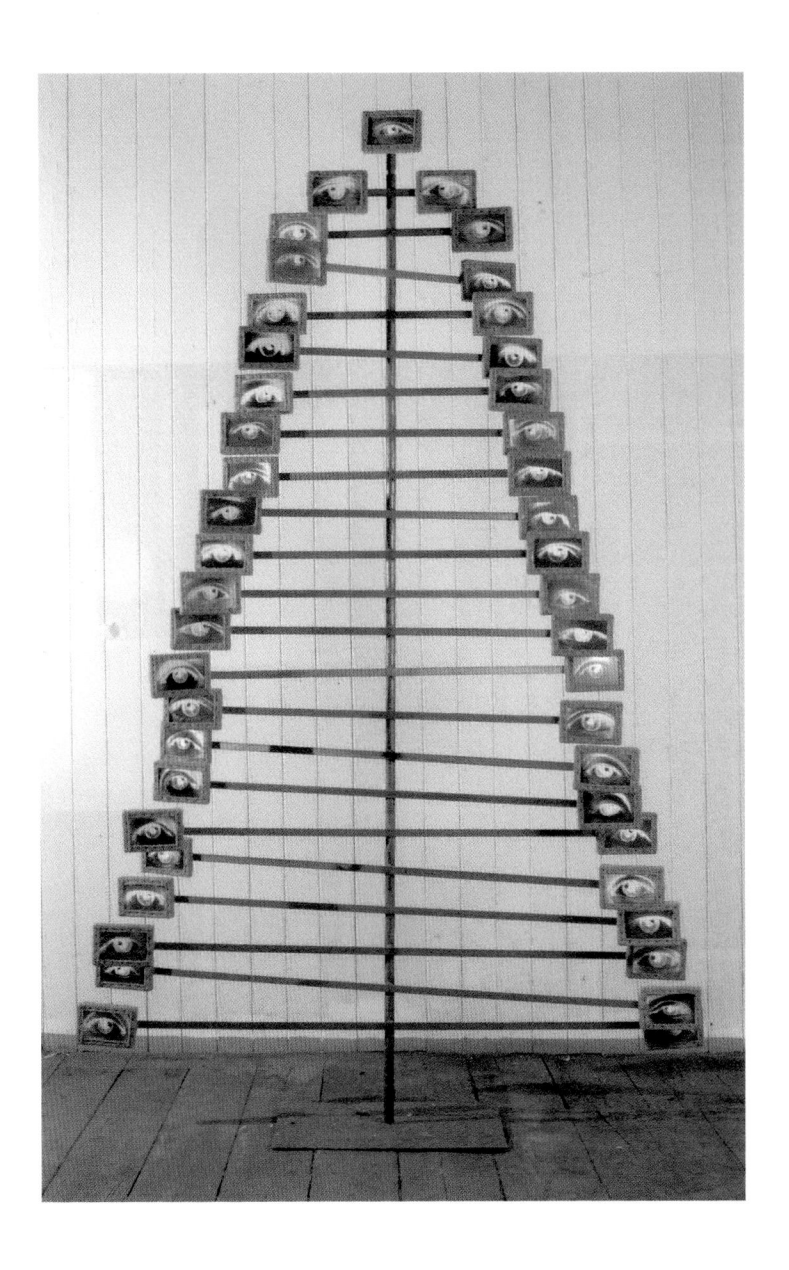

Fotoobjekt „Der Augenbaum" | 1998 | Fotografien, Metall, Filz

Fotoobjekt „Die große Verschmelzung" | 2006 | Fotografien, Metall, Filz, Holz

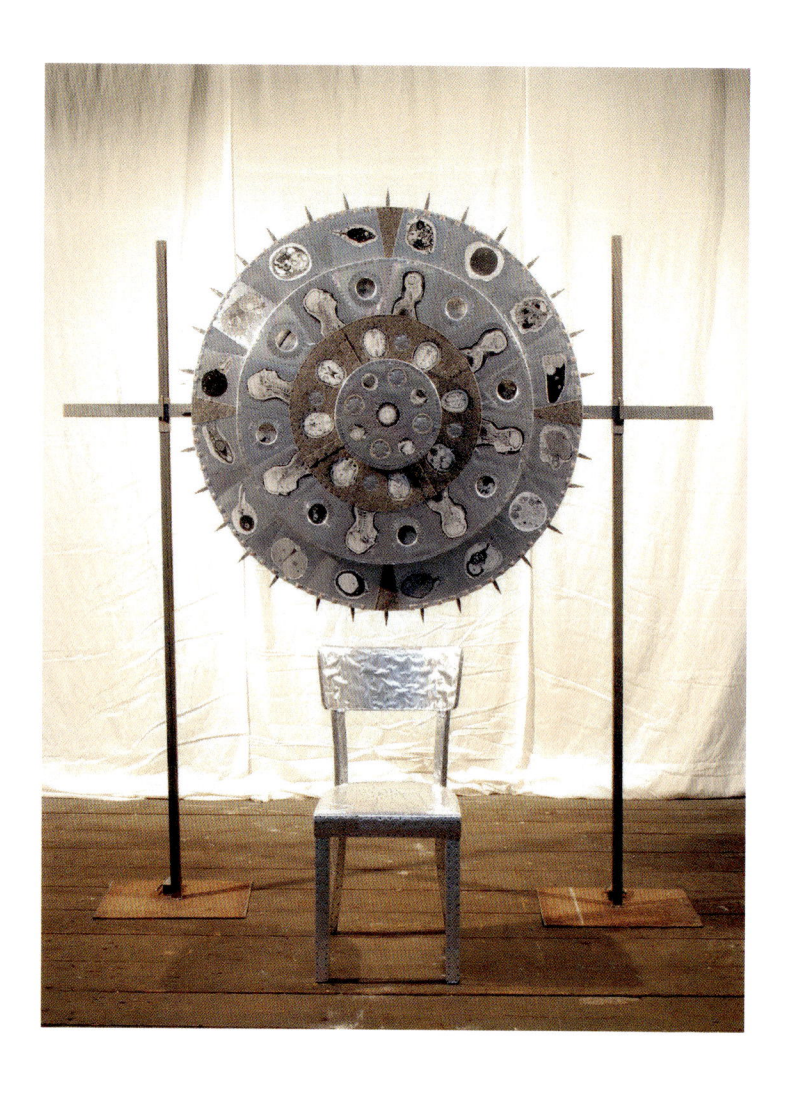

„Vollendete Natur" | 2015–2019 | überarbeitete fotografische Landschaften

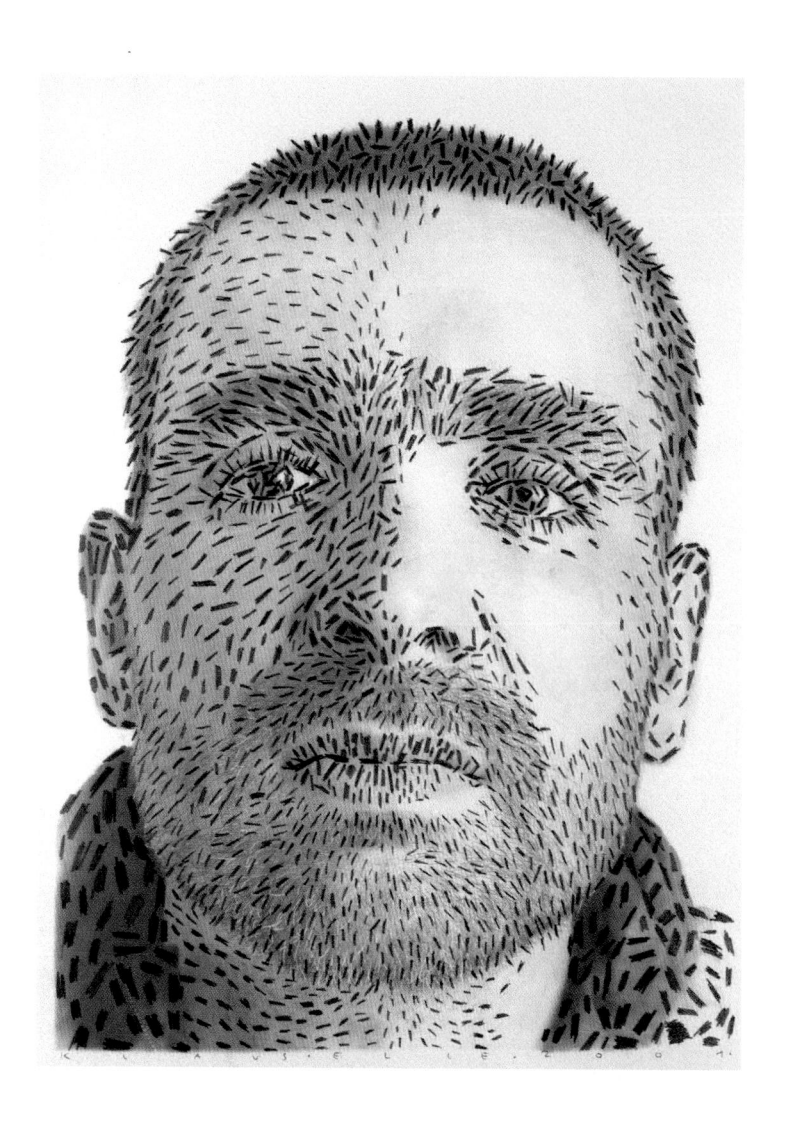

"Gesichtsplaneten" | 2001 | überzeichnete Fotografien

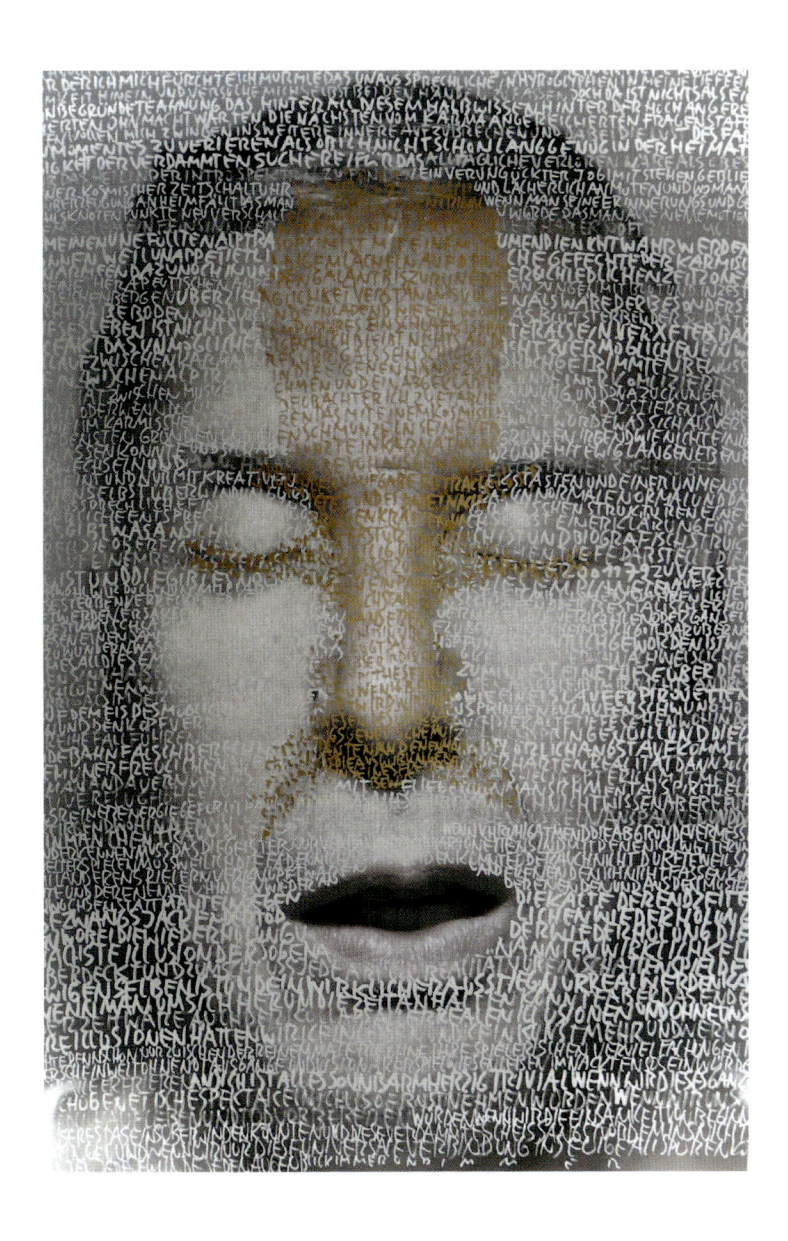

„Mein karmisches Theater" | 1980–2023 | überarbeitete fotografische Selbstporträts

"Mein karmisches Theater" | 1980–2023 | überarbeitete fotografische Selbstporträts

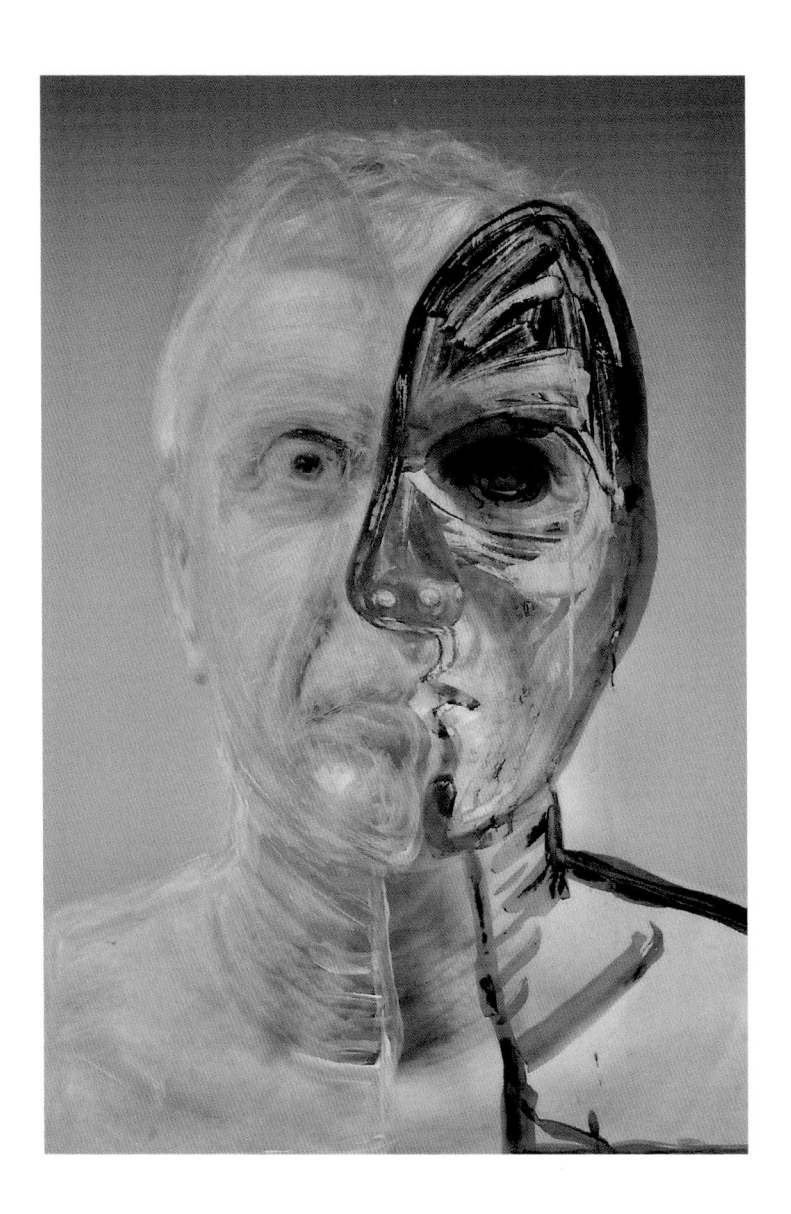

„Mein karmisches Theater" | 1980–2023 | überarbeitete fotografische Selbstporträts

Blick ins Atelier im Harburger Hafen | 2022

Leben gehörte den Büchern. Bücher gestalten, thematisch zusammenstellen, Konzepte entwickeln, originelle Gestaltungsvarianten entwerfen. Wir wollten gemeinsam ein Buch über meine Arbeit gestalten. Natürlich wie immer mit schmalem Budget, getragen von fröhlicher Selbstausbeutung, eben dem Business der freien Radikalen nachgehen. Den halben Tag trieben wir uns dann im Hafen herum. Besuchten zusammen mein Ausbesserungswerk, Fritz machte Fotos und wunderte sich, was ich hier alles schon produziert hatte.

Wolfgang Stemmer, der Galerist aus Bremen, lud mich nach Leinfelden-Echterdingen ein, wo einmal pro Jahr die Gesellschaft Deutscher Lichtbildner ihre Jahrestagung abhielt. Wolfgang saß mit im Vorstand der GDL (Gesellschaft der Deutschen Lichtbildner) und durfte Fotografen vorschlagen, die dort ihre Arbeiten präsentieren konnten.
„Da lernst du wirklich interessante Leute kennen, es gibt gute Diskussionen, und vielleicht kauft dir sogar jemand ein paar Bilder ab", erklärte er mir.
„Bereite einen halbstündigen Vortrag vor, rede nicht unbedingt darüber, wie du die Fotos technisch gemacht hast, sondern beleuchte deine inneren Motive, erzähle was über die Bedingungen im Osten und wie du das hier alles verarbeitet hast. Sei locker, nutze deine poetische Ader und vergiss nicht deinen Humor", fügte er noch an.
In einer typischen Mehrzweckhalle nahe Stuttgart saßen an einem Samstagnachmittag im April vielleicht zweihundertfünfzig Leute. Ganz unterschiedlich arbeitende Fotografen präsentierten auf langen Stellflächen ihre Bilder oder zeigten Dias. Bisweilen gab es

hitzige Diskussionen um ästhetische Strategien, ein künstlerischer Beirat moderierte die Gespräche, fragte nach, zeigte formale Parallelen auf, ordnete Werkgruppen in historische Zusammenhänge ein. Es machte mir wirklich Spaß zuzuhören. Ich fand die ganze Atmosphäre anregend, wertschätzend, konstruktiv.

Fast zum Abschluss des Tages war ich an der Reihe und zeigte etwas nervös meine Arbeiten, ostwärts beginnend in Richtung Westen hineinwachsend.

Es gab viel Beifall.

Meine Art, mit Fotografie umzugehen, sie zu überzeichnen, sie zu installieren, kam gut an. Man spüre meine Ernsthaftigkeit, bekam ich attestiert, mein formales Geschick sei deutlich sichtbar und meine Selbstironie gebe dem Vortrag eine heitere Note.

Ein Werbefotograf aus München kam zielgerichtet nach dem Vortrag auf mich zugelaufen und wollte sofort drei Fotos erwerben.

Wolfgang flüsterte mir zu: „Klaus, verkaufe deine Bilder nur nicht zu billig. Der Preis, den du genannt hast, ist lächerlich. Der Typ verdient zigtausende Mark am Tag, und du kannst wirklich ein bissel Kohle gebrauchen. Lerne endlich, dich besser zu vermarkten, sonst ziehen dich alle nur über den Tisch."

Ein paar Monate später rief mich Wolfgang freudig an und sagte mir, dass man mich in die GDL aufgenommen hatte.

„Demnächst wird sich auch F. C. Gundlach bei dir melden. Er ist Inhaber eines großen professionellen Fotolabors in Hamburg, hat eine der umfangreichsten Sammlungen für Fotografie in Deutschland und betreibt gleichzeitig eine hochklassige Fotogalerie im Bunker an der Feldstraße. Er will dich unbedingt ausstellen, hat er mir gestern mitgeteilt", sagte er. „Nutze die Gelegenheit, die Konkurrenz sitzt dir immer im Nacken."

„Vielleicht wird es ja mit der Kunst doch noch was", dachte ich.

„Sie haben ja das größte Atelier in Hamburg, das ich je gesehen habe, werter Herr Elle", befand F. C. Gundlach beim Herumlaufen in meiner Atelierhalle. „Ich sage oft", fuhr er fort, „drei Dinge braucht ein erfolgreicher Künstler: Können, Ausdauer und vor allem Fortune! Und dass Sie hier arbeiten können unter diesen herrlichen Bedingungen, das ist wirklich eine Menge Fortune."
Mit sicherem Auge wählte er Fotos aus der Serie „Erleuchtungen" aus und kombinierte sie mit einigen Fotoobjekten.
„Ich weiß", sagte er, „die Künstler wollen immer alles zeigen, was sie gemacht haben. Hängen die Wände brechend voll, dass der Betrachter fast irre wird. Man muss geschickt auswählen, kleinere erzählerische Linien an der Wand entwickeln und den Betrachtern Raum für ihre eigene Phantasie lassen."
„Über die Preise denke ich noch nach, ich kenne das Geschäft ein wenig", schmunzelte er mich an, „schauen wir mal, dass Ihre Arbeiten mehr unters Volk kommen."

So hielt man sich als freies, künstlerisches Radikal über Wasser. Hoffte auf die nächste Ausstellung, suchte nach einem geschäftstüchtigen Galeristen und träumte heimlich von einer mittelprächtigen Karriere. Man möchte doch im Orchester der großen Kunst ab und zu mal mitspielen dürfen. Nur die Realität sah meist so aus: Man wurde zum Hinterausgang einer Musikhalle bestellt, bekam eine schallgedämpfte Triangel in die Hand gedrückt, und dann fiel dem Orchesterleiter schlagartig ein, dass es in diesem Stück gar keine Triangel braucht.
Dann begann der Kreislauf von Hoffen und Bangen aufs Neue.
Was sollte man denn auch anderes machen, außer Kunst zu produzieren?
Wenn man jung ist, hält man das mit viel Idealismus durch. Man

ist körperlich vitaler, und im mentalen Lagerhaus der unverbrauchten Träume liegt noch genügend Hoffnung, dass man nach jeder Enttäuschung wieder voll motiviert ins nächste Projekt der fröhlichen Selbstverzauberung aufbrechen kann.
In vielen Fällen reichte die Hoffnung gerade so für eine Person bis zum erwarteten Lebensende.
Mit drei Kindern und einer Frau wurde das schon schwieriger. Da war die Hoffnung schon Mitte der vierziger Jahre verbraucht, und man schmeckte in manch unruhigen Nächten, dass hinter der Zirbeldrüse zu viele Bitterstoffe ausgestoßen wurden.
Einige zögerten diesen schleichenden Verbitterungsprozess hinaus, indem sie die Bitterstoffe mit Alkohol verdünnten und die leichte Berauschung nutzten, um aus alkoholisierter Verdrängung und temporärer Euphorie neue Hoffnung zu synthetisieren.
Die Ausstellung im Bunker war ein kleiner Erfolg, es wurden ein paar Fotos verkauft, F. C. Gundlach erwarb ein paar, die flattrige Kunstseele hatte eine Zeit lang etwas Ruhe.

Ein befreundeter Kollege von Marion besuchte uns und berichtete, dass er gerade einen Workshop für ein weltweit agierendes Hamburger Unternehmen zum Thema „Die Zukunft der Arbeit" vorbereitete und dringend jemanden bräuchte, der den Prozess an den zwei Tagen kreativ begleiten könnte.
„Wir brauchen einfach noch paar sinnliche Impulse, sonst bleibt das Ganze abstrakt und hinterlässt keine Spuren bei den Teilnehmern", ließ er uns wissen.
Dann schaute er mich an und fragte, ob ich nicht Lust hätte auf so eine herrliche Herausforderung.
„Du wolltest doch immer mit Kunst die Welt ein bissel besser machen. Zumindest hast du das im Osten vorgehabt. Hier bietet sich

dir eine Chance, das auszutesten. Also schau bitte, ob du nicht deinen ehemaligen Klassenfeind mit kreativen Interventionen ein bissel auf Trab bringen kannst."

„Du kannst um die Ecke denken", fuhr er fort „ich kenne deine verrückten Gedanken, du kannst präzise beobachten, hast durch deine Frau ein profundes Halbwissen über betriebswirtschaftliche Zusammenhänge, wir versuchen das mal mit dir, was denkst du, Klaus?"

Ich blähte mich innerlich etwas auf, sagte mit heißer Luft in der Stimme: „Super, warum nicht, im Moment läuft ja gerade nicht so viel, bezahlen werden die auch nicht schlecht, also auf zu neuen Ufern."

Der Workshop fand in einer riesigen Werkhalle von Airbus statt. Ich hatte mir aus vier großen Spanplatten eine aufklappbare Stellwand gebaut, die ich wie einen Altar am Rande der Bühne aufstellte. Meine Idee, die Zukunft der Arbeit zu visualisieren, basierte auf einer Reisemetapher. Auf der linken Seite das Heute. Eine lebendig geformte Landschaft voller kultureller Routinen, überwuchert von Hanfplantagen bekiffter Wachstumsphantasien. Unübersehbar leuchteten die expandierenden Gewerbegebiete der materiellen Transformation und wurden durchströmt von pulsierenden Adern aufgeregter Informationsflüsse. Beruhigend zu wissen, an den Rändern lauerten verschwiegene Notausgänge für die erschöpften Aussteiger (und manchmal passierte es sogar, dass sie wieder als Innovatoren zurückkamen oder den Rest ihres Lebens in einem sozialen Netz herumzappelten).

Die rechte Seite war beinahe leer, hier wuchs, symbolisch gesprochen, die Vision in die Zukunft hinüber.

So ungefähr plauderte ich vorher in meiner Phantasie herum. Mei-

ne Herausforderung lautete aber: Klaus, du bist jetzt in der ganz normalen Welt, du arbeitest mit Ingenieuren in einem Workshop, finde eine Sprache, die anschlussfähig ist an deine Zielgruppe.
Zu den Teilnehmern sagte ich dann so was: „Was heute ist, können wir sehen. Das Morgen, die Zukunft, ist unsichtbar. Sie ist ein Produkt unserer kollektiven Vorstellungskraft. Wir sind immer Reisende. Gehen allein oder in Gruppen. Tragen im Gepäck unsere Erfahrungen mit uns herum. Einige sind Pioniere und legen Trampelpfade ins undurchdringliche Zukunftsdickicht an. Andere folgen und komponieren Lieder zum Durchhalten. Hier und jetzt fragen wir uns, wie wir in dieser Firma in Zukunft arbeiten wollen. Ich bin Künstler und werde beobachten, wie ihr die zwei Tage zusammenarbeitet. Vielleicht kann ich daraus ein paar Schlüsse ziehen, wo eure Reise hingeht und das an diesen Tafeln visualisieren."

Überraschenderweise kam meine metaphorische Arbeit ganz gut an. An manchen Stellen löste ich einige Verwunderung aus, meine etwas blumige Sprache war man nicht gewöhnt, aber viele erkannten erweiterte Zusammenhänge, um ihre Thematik aus einer neuen, inspirierenden Perspektive betrachten zu können.
Nach der Veranstaltung fragte mich der Chef einer Personalabteilung eines anderen Unternehmens, ob ich nicht Lust hätte, mit neu eingestellten Mitarbeitern ein Kreativtraining zu machen. Und ob ich in nächster Zeit noch einige Termine frei hätte.
„Einige Termine wären noch frei", antwortete ich, „aber besser ist es, wenn ich zu Hause im Büro in meinen Terminplaner schaue."
Ich wunderte mich über mich selbst, wie ich schon in dieser anderen Welt irgendwie zurechtkam.
Ich dachte gleichzeitig an Hans Schulze und die „Gruppe 37,2" mit ihren völlig verrückt abgehobenen Performances mit Psychologen,

Physikern, Musikern, um eine imaginäre futuristische Arbeitswelt durchzuspielen. Damals in den Achtzigern im Klubhaus NATO in Leipzig, im Osten.
Ich dachte an Beuys und seine soziale Plastik. Der Künstler als aktiver Gestalter im gesellschaftlichen Raum.
Was hatte ich aus all dem gelernt und was könnte ich davon weiterentwickeln?
Oder ganz anders machen?
Verlor ich dabei meine Seele, meine Unabhängigkeit, meinen künstlerischen Forschergeist als Hofnarr im unternehmerischen Beratungszirkus?

KÖRPER UND GEIST
IN DER WELT UNTERWEGS

Ein paar Wochen später rief mich ein Mann mit holländischem Akzent an, sagte, ihn habe ein befreundeter Berliner Künstler auf mich aufmerksam gemacht, besonders meine holistische Denkart interessiere ihn und dass ich künstlerisches Schaffen als Arbeit im Erkenntnislabor verstehe. „Ich bin Willem aus Holland", ließ er mich wissen, „und bin seit vielen Jahren Generalmanager einer Medizintechnikfirma aus Deutschland und verantwortlich für deren Geschäfte in Afrika."

Durch Zufall wäre er mit einem uralten Managementmodell aus Botswana in Kontakt gekommen, erzählte er mir weiter, dass man dort Kgotla nennt. Der Sohn eines bedeutenden Chiefs in Botswana hätte ihn von dieser heute noch praktizierten Methode der kollektiven Entscheidungsfindung faszinierende Geschichten erzählt, fuhr er fort. Zudem hätte er das starke Gefühl, dass sein eigener, eher intuitiver Führungsstil, einen starken Bezug zu dieser traditionellen Form dialogischer Willensbildung hätte.

„Kurz und gut", erklärte er mir, „ich möchte unbedingt ein Buch zu dieser spannenden Thematik verfassen."

Er könne wunderbar laut denken, überzeugend reden und wirksame Entscheidungen treffen, sagte er, aber das Schreiben ist nicht sein Ding. Und für das Buch bräuchte er einen unorthodoxen Mitdenker und Mitschreiber, der auch Illustrationen anfertigen könnte.

„Wie wäre das", fragte mich Willem, „wenn ich dich nach Johannesburg einlade, du bist Gast in meinem Haus, wir fahren zusammen nach Botswana, interviewen einige Stammeshäuptlinge, du fotografierst, schreibst mit mir Texte und machst ein paar Zeichnungen. Deine Flüge bezahle ich dir, du hast freie Kost und Logis, und wenn alles gut läuft, dann kaufe ich dir noch ein Bild ab?"
„Warum nicht?", meinte Marion am Abend zu mir, „da eröffnet sich möglicherweise ein neues Betätigungsfeld für dich, aber den Typ möchte ich mir gern ansehen, ich glaube, das ist ein cleverer Seeräuber."

Ich mochte Afrika vom ersten Augenblick an und fühlte sofort eine tiefe Verbundenheit zu Land und Menschen. Ich wusste, wie schwer die elend lange Periode von Apartheit das ganze Land noch belastete. Umso mehr war ich erstaunt, wie offen und freundlich sie mir als weißem Mann begegneten, und wenn sie spontan anfingen, bei ganz unterschiedlichen Gelegenheiten zu tanzen, dann wurde mir echt warm ums Herz. Ich hatte das Gefühl, beim Tanzen konnten sie der Mühsal ihres schwierigen Alltages für kurze Momente entkommen, es gab nur noch dieses ekstatisch-verschmelzende Jetzt, in dem man frische Kräfte für das unbekannte Morgen tanken konnte.
Vielleicht kam meine Verbundenheit mit den einfachen schwarzen, afrikanischen Menschen auch daher, überlegte ich, weil ich mich früher selbst als Deutscher zweiter Klasse empfunden hatte. Ich lebte hinter einer Mauer, ich war der arme ostdeutsche Bruder, den die Nachkriegsgeschichte auf die falsche Seite geworfen hatte.
Wenn wir uns an manchen Abenden unsere Lebensgeschichten erzählten, dann strahlte mich plötzlich ein Afrikaner aus der

Tischrunde an, schlug mir freundlich auf die Schulter und sagte: "Hey Klaus, you are my brother, you are a real Black East German man, welcome home!"

Ich blieb ein paar Wochen in Johannesburg. Das Buch nahm allmählich konkretere Formen an. Dumani, ein Enkelsohn der Familie Mandela, tauchte bei einem Meeting auf und bekundete sein Interesse, Teile des Textes mitzuverfassen. Zwei Monate später reiste ich noch einmal nach Afrika, wir interviewten weitere Menschen in Botswana, ich machte neue Zeichnungen, ein erster Layoutentwurf entstand. Willem flog Ende des Jahres zurück nach Amsterdam und schrieb mir, dass schon ein Verlag Interesse an dem Buch angemeldet hätte.

In relativ kurzer Zeit kam das Buch auf den Markt. Willem organisierte eine professionelle Vorstellung in einem Rotterdamer Museum, der südafrikanische Botschafter gab sich die Ehre, ein Chief aus Botswana war extra angereist, es gab beträchtliches Interesse, Artikel erschienen in bedeutenden Tageszeitungen und Magazinen.

„Alles läuft nach Plan", freute sich Willem.

Einige Zeit später rief mich Willem wieder in Hamburg an und teilte mir mit, dass er mit seinem Sohn eine Beratungsfirma gründen wolle, und fragte, ob ich Interesse hätte, mit ihnen beiden zusammenzuarbeiten. Einen ersten Auftrag in Holland gäbe es schon, und in Südafrika würde dann ein weiterer folgen.

„Du kannst nun frei nach Beuys als kreativer Feldarbeiter der Veränderung in die sozialen Arenen der Wertschöpfung gehen, das war doch immer dein Wunsch", sagte er mir. „Jetzt bekommt deine künstlerische Arbeit eher eine dienende Funktion, und wir nennen dich mal provisorisch Visual Process Manager."

Ich spürte, dass sich mein Leben in eine aufregende Richtung bewegte.
Zeit, sich neu zu erfinden!

Mit der Kgotla Company war ich fünfzehn Jahre in Afrika und Europa unterwegs. Wir organisierten Großgruppenprozesse im Sinne der Kgotla-Philosophie, bei dem Organisationen oder Unternehmen befähigt wurden, einen konstruktiven Dialog mit allen Beteiligten zu beginnen, um gemeinschaftlich getragene Lösungen für ihre Probleme finden zu können.
Von Anfang an war ich bei jedem Prozessschritt mit dabei. Ich beobachtete klimatische Veränderungen, intervenierte mit sinnstiftenden Metaphern, inszenierte kreative Unterbrechungen, befeuerte das Geschehen mit ungewöhnlichen Ideen und konnte mich dabei selbst freudig lernend mitentwickeln.
Für mich war das eine Art kreative Forschungsarbeit, bei der ich interessante soziale Muster erkennen konnte und sie in anschließend in Bildmetaphern übersetzte.
Ich bewegte mich mit dieser Arbeit in einem unerforschten Neuland und suchte lange Zeit nach einem Begriff, der dieser Tätigkeit einen sinnvollen Namen geben konnte, denn ich empfand mich nie als Berater, Veränderungsbegleiter oder Coach. Dann wurde mir klar, dass mein Tun dazu diente, mit kreativen Interventionen erweitertes Bewusstsein zu stimulieren, damit alle Beteiligten die Phänomene der Wirklichkeit wieder aus einer erfrischend neuen Perspektive entdecken konnten.
„Ich bin ein Bewusstseinsverstärker", sagte ich mir.
Das beschrieb den Kern all meines Tuns.
Darum ging es mir auch immer in der Kunst.

Mein Leben war voller Dynamik. Ich bewegte mich in konzentrischen Kreisbewegungen von der Museumsfotografie hinüber zur künstlerischen Arbeit im Ausbesserungswerk, dann tauchte ich ein ins Familienbusiness und flog einen Augenblick später nach Afrika, um bei Kgotla -Workshops mitzuwirken.

An der Eingangstür zu meinem Ausbesserungswerk-Atelier hing ein kleiner Zettel mit der Botschaft, dass ich mich umgehend bei der Bundesbahnverwaltung in Hamburg Altona zu melden hätte. Als ich das karg eingerichtete Büro in der Bahnverwaltung betrat, erwartete mich eine mürrisch blickende Frau Mitte fünfzig und bat mich, Platz zu nehmen. Letzte Woche hätte sie erfahren, murmelte sie mit gepresster Stimme, dass ich seit sieben Jahren ein Gebäude im alten Ausbesserungswerk illegal besetzt hätte. Es wären zu keinem Zeitpunkt Mietzahlungen eingegangen, der Strom wäre auch nie abgerechnet worden, und nun sei der Raum mit irgendwelchen undefinierbaren Kunstgegenständen vollgestellt worden.
Sie erwarte von mir eine sofortige Erklärung zu all diesen Tatsachen.
Ich erzählte ihr, wie es zu dieser Hallenbenutzung gekommen war, dass ich annahm, dass bald das ganze Areal abgerissen werden würde und dass ich neben meiner künstlerischen Arbeit auch die Räume für Fotoarbeiten für das archäologische Museum genutzt hätte.
„Das hätten Sie aber zumindest bei uns melden müssen", erwiderte sie streng, „ohne Vertrag dürften sie sich gar nicht auf dem Gelände aufhalten. Sie kennen doch die deutschen Gesetze, sie wissen doch, dass es versicherungsrechtliche Fragen gibt, die man beachten muss."

„Ich kann ja ihre Verärgerung verstehen, liebe Frau P.", sagte ich beschwichtigend, „aber so wie Sie ticken nun mal kreative Seelen nicht. Ich war und bin einfach nur überglücklich, dass ich in diesem herrlichen Raum arbeiten kann. Selbst eine minimale Miete für eine solche Raumgröße könnte ich mir sonst niemals leisten. Die Bahn und auch Sie sind unbewusst meine heimlichen Sponsoren, dafür bin ich Ihnen wirklich dankbar."
„Na schön, Herr Elle", sagte sie schon etwas entspannter, „dass wir Ihre unbewussten Sponsoren sind, das hat ja selbst für die Bahn einen gewissen Charme, aber so wie jetzt kann es nicht weitergehen. Ich muss über diese Angelegenheit mit meinem Chef sprechen. Sie werden von uns hören."
Einige Tage später erhielt ich ein Schreiben von der Bahnimmobilienverwaltung, in dem sie mir die Halle für einen monatlichen Mietpreis von achthundert Mark anboten. Kündigung jederzeit möglich. Woher die Energie kam, konnten sie nicht klären. Als ich den unterschriebenen Vertrag vorbeibrachte, sagte mir die Bahnbeamtin, ich sollte einfach die Klappe halten wegen des Stroms. „Dann haben Sie eben noch einen anderen unbewussten Sponsor."

Da ich selbst diese Miete nicht aufbringen konnte, fragte ich einen befreundeten Unternehmer, ob er mich nicht eine Zeit lang finanziell unterstützen könnte. Er willigte ein und übernahm für zwei Jahre meine Mietzahlungen.
Als Dank produzierte ich eine umfangreiche Serie von übermalten Fotos von seiner Firma für ihn. Dann gingen leider seine Geschäfte schlechter, und er konnte mich nicht weiter unterstützen.
Ein wenig verzweifelt ging ich wieder zur Immobilienabteilung der Bahn und bat um die Halbierung meiner Mietzahlungen.
Die Bahnbeamtin schüttelte nur den Kopf, als sie mein Ansinnen

hörte, sagte ungläubig, wenn es noch mehr von meiner Sorte gäbe, würde die Bahn wohl bald pleitegehen. „Aber Ihre Tage sind ja gezählt im Ausbesserungswerk, also dann bleiben Sie dort für vierhundert Mark, ich bin doch kein Unmensch."
So konnte ich schließlich fünfzehn Jahre im Ausbesserungswerk arbeiten. In dieser Zeit hatte ich fast alle Räume (einen Teil der unteren Fläche hatte ich einem Holzbildhauer zur Verfügung gestellt) mit meinen Installationen und Objekten vollgebaut. Ich hatte einen kleinen Weltraum erschaffen nach den Naturgesetzen meiner Phantasie. Hier hatte ich mein zweites Zuhause. Egal, was draußen in der Welt passierte, ich machte die Ateliertür hinter mir zu und baute aus verbrauchten Materialien unscheinbare Galaxien meiner unverwüstlichen Hoffnung.

Marion unterrichtete mittlerweile auch an einer Privatuniversität in Hamburg und hatte das Fach Kreativtechniken übernommen. So kam sie einmal pro Jahr mit ihren Studenten zu mir ins Atelier, und wir probierten alle zusammen verschiedene kreative Methoden aus, wie Lust und Lernen eine produktive Allianz eingehen konnten.

Durch einen Freund lernte ich den Organisationschef eines Nachhaltigkeitsprogramms von der ETH Zürich, Roger Baud, kennen. Er sei auf der Suche nach einer Person, begann er unser Gespräch, die in der Lage wäre, ganz unterschiedliche Vorträge von Referenten aus verschiedenen Fachgebieten spontan zu visualisieren. Es handele sich dabei um eine Reihe von Workshops zum Thema Nachhaltigkeit, an denen Studenten unterschiedlicher Fachbereiche aus vielen Nationen teilnehmen könnten. Er hätte von meiner Arbeit mit Bildmetaphern gehört, fuhr er fort, und hätte daran

Interesse, dass ich diese visuellen Interventionen in seinen Workshops mal ausprobieren würde. Ihn würden zudem schon immer unangepasste Lernformen beschäftigen, fügte er hinzu. Es ginge ihm um interaktive, kreativ unterstützte Wissensvermittlung und deshalb wäre er für alle möglichen Experimente offen, außerdem könne man nicht mehr mit den verstaubten Lernmethoden aus dem letzten Jahrhundert die junge Generation begeistern.
Ich spürte sofort die Leidenschaft von Roger, wenn er über diesen YES-Kurs erzählte. YES hieß mit vollem Wortlaut „Youth Encounter on Sustainability". Zusammen mit dem MIT und der Universität von Tokio hatte man dieses Ausbildungsprogramm zu Beginn der Zweitausenderjahre aus der Taufe gehoben, um jungen Studenten aus der ganzen Welt die Chance zu geben, über eine nachhaltige Lebens- und Produktionsweise nachzudenken und ihr Bewusstsein für die kommenden Herausforderungen auf diesem Planeten zu schärfen.

Im Frühjahr 2003 stand ich dann in einem kleinen Schweizer Bergdorf vor fünfunddreißig jungen Studenten aus fünfundzwanzig Ländern und hielt unter extrem erhöhter Schweißproduktion einen kurzen Vortrag auf Englisch über Kreativität als inspirierenden Erkenntnisverstärker.
Die Tage zuvor saß ich hinten im großen Seminarraum, hörte mir Vorträge über globale Märkte, politische Entscheidungsprozesse, ökologische Nahrungsmittelproduktion, Biodiversität in der Landwirtschaft oder über psychologische Verhaltensmuster in Veränderungsprozessen konzentriert an.
Auf meinem Schoß hatte ich ein großformatiges Zeichenbuch liegen und skizzierte reflexartig meine Ideen zu den vorgetragenen Themen mit farbigen Stiften. Ich hatte die Erlaubnis, jeden Vor-

tragenden spontan zu unterbrechen, um sofort dem ganzen Auditorium meine Bildmetaphern präsentieren zu können. Manchmal nutzte ich auch die Tafel neben der Leinwand und zeichnete dort meine visuellen Kommentare wie krakelige, eruptive Gedankenfetzen aus einer anderen Dimension.

Anfänglich waren einige Referenten durch meine unkalkulierbaren Unterbrechungen völlig irritiert. Ich unterbrach ihren logischen Gedankenfluss, stellte ihre ernsten, wissenschaftlich fundierten Thesen mit ungewöhnlichen Metaphern in Frage, so etwas waren sie nicht gewohnt.

Wissensvermittlung in herkömmlichen Formaten war jahrhundertelang eingebettet in klare Machtstrukturen.

Der, der das Wissen hatte, hatte Macht über die Unwissenden. Er war im Recht. Wissen haben hieß, Kontrolle ausüben.

Und da kam plötzlich so ein kreativ angehauchter Narr mit wirren Zeichnungen auf die Wissensvermittlungsbühne und sagte frech: „Man könne die dargelegten Sachverhalte auch aus einer völlig anderen Perspektive betrachten. Denkt doch mal quer, entdeckt mal das Ungewöhnliche außerhalb der verordneten Leitplanken, lacht euch mal kaputt über die streng behüteten Dogmen, beginnt zu spielen mit den fest verklebten Puzzlesteinen, begreift doch, dass das, was wir Wirklichkeit nennen, nur eine temporäre Konstruktion in unseren Köpfen ist und keine endgültige Wahrheit."

Die Studenten und auch die meisten der Lehrenden mochten meine verrückten Ideen, die ich immer mutiger vorn auf dem Podium präsentierte. Wenn die Vorlesungen manchmal zu langweilig wurden, drehten sich einige Studenten zu mir um, blinzelten mich grinsend an und forderten mich stillschweigend auf, etwas Überraschendes zu tun, damit wieder frischer Wind in den Seminarraum kam.

Jeden Abend hatten ein paar Studenten die Möglichkeit, mit mir ihre subjektiven Eindrücke von den Vorlesungen oder von unseren Exkursionen auf eine riesige Bildwand zu malen. Viele von ihnen hatten vorher nie einen Pinsel in der Hand gehabt, viele hatten das übliche Antikunstschultrauma hinter sich. Da sie nicht zeichnen konnten, krakelten sie natürlich wie Kleinkinder auf dem Blatt Papier herum, bekamen dafür schlechte Noten und wollten verständlicherweise nie mehr einen Stift oder einen Pinsel in die Hand nehmen.

Mir machte es eine riesige Freude, diese schulischen Kunstopfer und das Heer der internationalen Laien zu motivieren, damit sie ihren Gefühlen wieder einmal freien, schöpferischen Ausdruck verleihen konnten. Ich drehte meine holistische Disco auf, beschallte den Raum laut mit Rockmusik, Opernarien oder Inuitgesängen, und wenn sich allmählich die Malblockaden der Studenten lösten, entwickelte sich fast immer eine atemberaubende schöpferische Dynamik. Mich beglückte es zu sehen, wie sie fast alle in einen Flow kamen. Viele erlebten zum ersten Mal, wie es sich anfühlt, mit sich selbst in einen schöpferischen Dialog zu kommen und sich von der Erschaffung von etwas rätselhaft Schönem bezaubern zu lassen.

Zum Schluss jedes YES-Kurses wurde das großes Bildmosaik von meist sechs Meter mal zweieinhalb Meter feierlich enthüllt.

Es war für mich, wie auch für uns alle, so berührend zu erleben, welch starke Emotionen bei den Studenten ausgelöst wurden. Da standen sie alle freudig erregt zusammen. Amerikaner, Kolumbianer, Schweden, Südafrikaner, Israelis, Palästinenser, Japaner,

Chinesen, Schweizer und Kenianer. Viele lächelten versonnen, einige hatten Tränen in den Augen, manche hielten sich an den Händen, umarmten sich und spürten die Kraft einer transformierten Gemeinschaft.

Das waren Momente, die niemand vergaß.

Mit dem YES-Kurs war ich über viele Jahre in der ganzen Welt unterwegs.

Ich wusste nun, wenn man immer weiter Richtung Osten geht, gelangt man irgendwann in den Westen.

Und wenn man aus dieser Polarität entfliehen wollte, begab man sich in den Norden und fand seinen Weg in den Süden.

Wichtig war ein freier, erlöster Geist. Mit ihm konnte man sich in alle Himmelsrichtungen bewegen und war immer im Zentrum seiner Welt.

Mit der Kunst hatte ich meine karmisch fixierte Kompassnadel neu justiert und folgte bewusst den Gravitationsfeldern meiner eigenen Sehnsucht und war überall angekommen.

EPILOG

An einem sonnigen Nachmittag sitze ich an meinem Arbeitstisch, bearbeite mit Tusche ein neueres Porträtfoto und schaue nach draußen durchs Fenster auf die Weide vor unserem Haus. Oben auf dem schmalen Feldweg am Waldrand sehe ich eine ältere Frau, wie sie gerade mit ihrem Hund ihre tägliche Runde dreht. Ich schaue mich weiter um und verfolge das Postauto, wie es sich der kleinen Wohnanlage an der ehemaligen Ausflugsgaststätte nähert, dann springt die Postbotin behänd aus der Tür und wirft ein paar Briefe in die Kästen. Schließlich blicke ich links herüber in Richtung Schaukel und vernehme das fröhliche Gejohle unserer beiden Enkelkinder, die ausgelassen hin- und herschwingen.
Ich halte einen Moment inne, strecke mich aus, lehne mich wieder zurück auf meinem Stuhl, und die flüchtigen Eindrücke überlagern sich mit ungeordnet aufsteigenden Erinnerungsfetzen.
Manchmal tauchen dann prägende Lebenserinnerungen wie unverschlüsselte Zahlenkolonnen aus der eigenen DNA auf und projizieren vergessen geglaubte Szenerien ins neuronale Heimkino.
Man wird still, gedankenversunken, hält inne.

Ich frage mich in diesem Augenblick, wie mich das Leben im alten Osten, im „ersten Arbeiter-und-Bauernstaat auf deutschem Boden", geprägt hat. Die Hälfte meiner Tage habe ich dort verbracht und die andere Hälfte lebe ich nun in einer sogenannten freien Marktwirtschaft mit demokratischer Verfassung.

Was habe ich in beiden Systemen gelernt, welche Verhaltensmuster schleppe ich bewusst wie unbewusst mit mir herum, und ich frage weiter, war ich denn der geglückte Versuch eines brauchbaren gesamtdeutschen Mischwesens?

Damals, im Reich des verwalteten materiellen Mangels, konnte man nur überleben, wenn man auf allen Ebenen seines täglichen Lebens intelligent kooperierte. Der ständige Austausch von allen möglichen Waren und freundlichen kleinen Dienstleistungen war eine Grundlage der Existenz. Das einfache Leben erdete uns. Man stand mit beiden Beinen in der umgebenden Wirklichkeit. Ob man wollte oder nicht. Man existierte nicht abgehoben, redete meist auf gleicher Augenhöhe vom Ich zum Du (vom Zahnarzt zur Gemüseverkäuferin), war viel schneller bei seinen Gefühlen, nahm sich kurzentschlossen auch mal tröstend in den Arm, ging bedenkenlos miteinander ins Bett (wenn die Reisefreiheit verboten war, dann verlagerte man sein Freiheitsverlangen eben auf andere Gebiete), schrieb kleine persönliche Botschaften per Hand auf eine Papierrolle, die an vielen Wohnungstüren hing („Wollte euch besuchen und die Bohrmaschine wieder zurückbringen, leider seid ihr nicht da, Gruß, Klaus"), verliebte sich wild, heiratete gleich mal (außerdem bekam man als Ehepaar viel problemloser eine Wohnung), ließ sich ohne großes Theater wieder scheiden, kochte spontan eine Nudelsuppe für die Hausgemeinschaft, reparierte den Autovergaser bei Bedarf selbst, schickte ein fehlendes Ersatzteil an einen Freund oder eine Freundin an die Küste (und erhielt mit viel Glück einen geräucherten Aal als Gegenleistung zurück) und fing in der ewig langen Warteschlange beim Fleischer (oder im Gemüseladen oder beim Bäcker), zwanglos ein Gespräch mit dem Hintermann oder der Vorderfrau an und erkundigte sich, bei welcher Buchhandlung er oder sie die Neuauflage des „Glasperlenspiels" von Hermann Hesse (oder Christa Wolfs Buch „Kassandra") ergattert hatte.

Dieses Spektrum von allen möglichen Austauschbeziehungen befruchtete das soziale Beziehungsgeflecht und verwurzelte das ostdeutsche Ego im sozialistischen Frühbeet der übersteigerten Erwartungen. Dieses Aufeinander-Angewiesensein stabilisierte aber irgendwie die unruhige Psyche. Natürlich litt man unter der ideologischen Käseglocke, wollte frei sein, wollte in der Welt herumreisen, aber man gehörte zumindest zur robusten Gemeinschaft der ruhelosen Improvisateure eines bescheidenen, gelungenen Alltags. Der Mangel erzeugte, so wurde mir klar, resiliente soziopsychische Stabilisierungskräfte für den Großteil der Menschen, mit denen sie diese geografisch-ideologische Enge ertragen konnten.

Materiell ärmeren Gesellschaften fehlte es generell an grellbunten Fluchtwegen aus Seelenpein, individueller Ohnmacht, Einsamkeit oder auftretender Sinnleere.

Die westliche Wohlstandsgesellschaft dagegen produzierte reichlich äußeren materiellen Überfluss und verblendete geschickt mit perfekt designten Werbebotschaften die inneren Zugänge für eine heilende Selbstreflektion. Das kriselnde Ego sollte sich nicht so schnell der schmerzhaften Entfremdung von seiner eigenen Bestimmung bewusst werden, denn dann fiel es womöglich länger als kaufkräftiger Konsument aus. Der Zuckerguss des schönen Scheins verklebte die Risse auf dem glänzenden Panzer der karriereregetriebenen Selbstgefälligkeit, und wichtige Veränderungen im Sinne einer nachhaltig-authentischeren Lebensweise wurden von den Fanfarenklängen eines unaufhörlich plärrenden Fortschrittsorchesters übertönt.

So waren wir alten Ostmenschen vielleicht besser auf eine herannahende, bescheidenere, nachhaltige Welt vorbereitet und haben eine konkretere Vorstellung, wie das Leben mit geringerem Wachstum und materiellen Engpässen trotzdem gut gelingen konnte.

In diesen rotierenden Erinnerungsschleifen befiel mich ein amüsanter Gedanke: Ich glaubte, dass wir alten ostdeutschen Menschen uns überall auf diesem Planeten auf wundersame Weise riechen konnten. Wenn ich oft in der Welt unterwegs war, auf einer größeren Veranstaltung Smalltalk betrieb, bei einer Vernissage mit anderen Teilnehmern herumstand oder in einer langen Reihe vor irgendeinem Schalter warten musste, dann fielen mir intuitiv irgendwelche Personen besonders auf. Etwas narkotisierend Vertrautes, etwas beruhigend Heimatliches zog mich magisch an. Manchmal waren das nur so kleine Gesten. Eine eigenartig hochgezogene Schulter, ein spezieller Geruch, dazu noch ein paar hingenuschelte sächsisch-thüringisch-mecklenburgische Sprachbrocken, dann drehte ich mich ruckartig um, ging sogar von Fall zu Fall zielgerichtet auf wildfremde Personen zu, sagte, ich sei auch ein alter Ossi aus Sachsen, dann nickten wir uns kurz zu, schmunzelten verschwörerisch, wechselten ein paar Sätze in alter Mundart über unsere Lebensabenteuer in der großen weiten Welt, zwinkerten uns zum Abschied freundlich an und dachten: „Ach wie schön, dass ich wieder mal jemanden aus meiner alten, verflossenen Heimat getroffen habe, der noch weiß, wie es damals war, wer ich unter der angepassten Oberfläche in Wirklichkeit bin und wie ich als freigelassener, erlöster Ostmensch so ticke." Wahrscheinlich waren und blieben wir untrennbar verwoben. Wir waren eben ostdeutsche, humanoide Spins, auf immer verbunden im zivilisatorisch-atomaren Raum, die über Lichtjahre hinweg immer die gleichen Bewegungen machten, bis wir an den Rändern der subjektiven Ewigkeit gemeinsam verglühten.

Womöglich übertrieb ich jetzt. Sicherlich. Ein Bayer vom Ammersee empfand wahrscheinlich ebenso, wenn er irgendwo unterwegs einen Landsmann traf. Oder ein Däne freute sich, wenn er ähnlich vertraute Sprachfetzen hörte in der Fremde. Oder ein Argentinier aus Buenos Aires, der zufällig neben einen Landsmann bei McDonald's in Mexiko saß, wo beide lustlos einen Hamburger herunterwürgten.

„Was hatte der sogenannte freie Kunstmarkt aus meinen idealistisch angehauchten Kunstambitionen gemacht?", überlegte ich weiter.

Im Osten sollte und musste ich den ästhetischen Leitlinien des sozialistischen Realismus folgen. Ich war im Sinne der herrschenden Doktrin ein sinnstiftender Plakatmaler, der in den Wartehäuschen des gesellschaftlichen Aufbruchs (die viele als lähmende Stagnation empfanden) emotional berührende Panoramen von einer zukünftigen kommunistischen Welt an die Wand zu malen hatte. Durch seine ihm zugewiesene prominente Funktion hatte der Künstler eine enorme Bedeutung, und seine Arbeit wurde ernst genommen. Sehr ernst, mit folgenreichen Konsequenzen in jeder Hinsicht. Es gab diesen mächtigen ideologischen Reibebaum mit eng gewickeltem Stacheldraht, bei dem die Außenhaut aus roten Fahnentüchern (auf die man wohlklingende Parolen gedruckt hatte; „WIR SIND DIE SIEGER DER GESCHICHTE!") bestand. Es war gefährlich, wenn man sich zu weit von diesem ideologischen

Epizentrum entfernte. Dann wurde man streng daran erinnert, dass die Kunst nicht frei war, sondern einen sehr konkreten erzieherischen Auftrag hatte. Dieser Druck hatte aber zur Folge, dass man eine klare Haltung entwickeln musste. Dafür oder dagegen. Entweder ein bewusstseinsgestählter, kunstproduzierender Patriot oder ein ewig Gestriger, ein Mitarbeiter des Klassenfeindes. Ein Dazwischen gab es nicht. Man musste sich entscheiden, in welcher Entfernung man sein Werk von diesem mächtigen Reibebaum platzieren wollte. Dieser Zwang, eine Entscheidung fällen zu müssen, entweder der inneren Wahrheit zu folgen oder ein vorgegebenes ideologisches Programm zu illustrieren, dieser Druck prägte maßgeblich den Charakter.

Da mir im anderen Teil Deutschlands der alte Reibebaum nicht mehr als Orientierungsmarke zur Verfügung stand, installierte ich ihn (diesmal ohne Stacheldraht) unübersehbar in der Mitte meiner Sehnsucht nach erweiterter Erkenntnis.

Wie ich nach und nach herausfand (als alle meine schönen, illusionären Blasen zerplatzt waren), änderte sich für mich in der westlichen Welt nur die Druckrichtung. Im Osten war es der staatlich verordnete Druck, in der westlichen Welt war es der schillernd brutale Druck des Marktes. Was nicht zum allgemeinen Mainstream gehörte, dümpelte irgendwo an den schattigen Rändern der Nichtbeachtung herum. Nein, es gab natürlich keine strafende, politische Zurechtweisung oder gar strenge Repressionen. In der wachstumsverwöhnten Gesellschaft hieß die schlimmste Bestrafung Nichtbeachtung. Man stand als namenloser Überflussproduzent vor den verschlossenen Türen zum profitablen Markt, und die Ökonomie der Aufmerksamkeit feierte ihre rauschenden Partys in den Festzelten der gelungenen sozialen Veredelung.

Und man war nicht dabei.
So simpel war das.
Zum Glück hatte ich ja im Osten gelernt, dass man für seine Überzeugungen einen Preis zu zahlen hatte, dass sich unter permanentem Druck ein spülmaschinenfester Charakter bilden konnte und dass die Nährstoffe aus sinnerfüllter Arbeit den Mangel an Aufmerksamkeit für eine geraume Weile kompensieren konnten.
(Natürlich war es auch zutreffend, dass in der Enge, wie auch in der Freiheit, bedeutende Persönlichkeit heranreifen können. Waren die Ersteren gefährdet, durch den permanenten Druck zu zerbrechen, so bestand die Gefahr in der Freiheit, dass der grenzenlose Möglichkeitsraum den Handlungstrieb paralysierte.)

Im Nachhinein konnte ich glücklich sein, dass ich den Weg heraus aus dem Atelier in die reale Welt gefunden hatte. Nach der etwas depressiven Phase meiner narzisstischen Kränkung als genialer Künstler nicht erkannt worden zu sein, nachdem meine Werke kaum Käufer, keinen richtigen Markt, keinen engagierten Kurator oder Galeristen gefunden hatten, musste ich eben absteigen vom Olymp des verklärten künstlerischen Schaffens, hinunter in die Ebenen der „banalen Lebensverrichtungen", damit unser Konto mehr finanzielle Frischzellen erhielt.
Doch etwas Besseres konnte mir nicht passieren, weiß ich heute. Wenn man ein ganzer Mensch werden will, sollte man Hand und Kopf verbinden, sollte man jegliche produktive Arbeit im Maschinenraum der gesellschaftlichen Selbsterhaltung zu schätzen wissen. Mit der Zeit hatte ich immer größere Freude an meinen kreativen Interventionen bei den ganz unterschiedlichen Workshops. Ich bewirkte etwas, mein Tun hatte unmittelbare Resonanz, das tat gut. Und dieser erweiterte Blick in die verschiedensten Lebensbe-

reiche tätiger Menschen befruchtete im Nachgang meine künstlerische Arbeit gewaltig. Ich lernte, ein demütiger Kreativarbeiter im Raum der kollektiven Veränderung zu sein. Bei meinem „Außendienst" in der Welt ging es darum, mit kreativen Impulsen erweitertes Bewusstsein auf unterschiedlichen gesellschaftlichen Plattformen für nachhaltiges Handeln zu bewirken. Daraus entwickelte ich später das Konzept (und fasste die Gedanken in einem Buch zusammen) des metaphorischen Managements, der Künstler als Moderator für komplexe Systeme. Bis heute arbeite ich mit einem Physiker zusammen, wir nennen uns das Da-Vinci-Team und begleiten Unternehmen und Organisationen in Veränderungsprozessen.

Dagegen lief in meinem großen Atelier die Zeit ab. Nach fast fünfzehn Jahren waren die Räume bis in die letzte Ecke gefüllt mit Installationen und Fotoobjekten. Die Wände hingen voller Bilder, an Drahtseilen baumelten fotografische Porträts und archaisch anmutende Maschinen quietschten lautstark unter der Last ihrer ominösen Fragestellungen nach dem tieferen Sinn unseres Daseins. Ich hatte mir einen kleinen, schützenden Weltraum aus Phantasie und funktionslosem Abfall unseres ruhelosen Fortschritts gebaut. Wenn ich müde war, setzte ich mich ein paar Minuten in meine Installation „Bewusstseinsverstärker" und bekam wieder Lust, zurück in die normale Welt zu gehen.
Heute befindet sich auf dem aufwendig rekonstruierten Bahngelände ein riesiger Baumarkt. Wo sich früher meine Sinnsucherwerkstatt befand, strahlen jetzt hunderte unterschiedliche Lampen und Leuchten. „Wenn die eigene Erleuchtung auch so einfach durch eine Rekonstruktion im individuellen Erinnerungsgewöl-

bes gelingen könnte", denke ich, "dann wäre die Erde sicher ein friedlicherer Ort."
Glücklicherweise habe ich im Harburger Hafen, hundert Meter neben der Elbe, wieder ein großes Atelier gefunden. Im Anbau, erster Stock, einer weiträumigen Lagerhalle arbeite ich weiter inmitten meiner Objekte und Installationen. Und ich habe wieder mehr Zeit, meine freien Ideen umzusetzen. Es entstehen ganz neue Werkgruppen zu Fragen der Zeit. Und manchmal passieren ganz überraschende Dinge. So entdeckte die Getty Stiftung in Los Angeles über verwirrende digitale Wege meine alten DDR-Fotoarbeiten (die seit über fünfunddreißig Jahren bei mir in verstaubten Regalen herumlagen, weshalb ich mich manchmal gefragt habe: "Warum schleppe ich all diese Sachen so ewig mit mir herum?") und erwarb sie für ihre Sammlung.

Wenn ich schließlich auf unsere Familie schaue, dann könnte ich in einer allgemeinen Floskel sagen: "Aus allen ist was geworden." Die Verwurzelung im westdeutschen Nährboden ist geglückt. Die recht schweren Zeiten des Abschieds aus der DDR, der mühsame Neubeginn im anderen Deutschland haben natürlich in uns allen Spuren hinterlassen, doch die Familie hat zusammengehalten. Die Krisen haben uns eher gestärkt. Das ist eine Menge.
Die Kinder haben studiert, das Spektrum reicht von Biologie, Chemie, Psychologie, Stadtplanung und Betriebswirtschaft bis zur Ausbildung als Physiotherapeutin. Es gab die normalen kleineren und größeren Umwege vor und nach dem Studium, Sinnsuche in Australien und Kanada, es wurde um die Fragen nach innerer Bestimmung und weltlichen Notwendigkeiten gerungen, doch letztlich haben alle ihren Weg gefunden, auf dem sie ihre Talente

gut verwirklichen können und der Widerspruch zwischen Traum und Wirklichkeit nicht allzu groß ist. Mittlerweile gibt es vier Enkelkinder. Ihre Berufswünsche gehen in Richtung Ninjakämpfer, Basssaxophonist, Tierärztin und weiß noch nicht.
Marion ist immer noch als Dozentin an verschiedenen Bildungseinrichtungen unterwegs, hat an einer Privatuniversität im Bereich der Personal- und Betriebswirtschaft unterrichtet und gemeinsame Beratungsaufträge gehören auch noch zu unserem Repertoire.

Für mein Leben in beiden deutschen Systemen bin ich insgesamt sehr dankbar.
Ich hatte und habe die Möglichkeit unter den verschiedenen politischen Verhältnissen meinen Charakter zu entwickeln. Beide Systeme haben mir im Rahmen ihres Selbstverständnisses geholfen zu wachsen. Ich bin im Osten und im Westen großartigen Menschen begegnet. Ich habe gelernt, wie groß und weit der Entscheidungsraum in der jeweiligen gesellschaftlichen Situation auch sein mag, es gibt immer die unumstößliche Freiheit, das zu tun, was man aus der Kraft seines Bewusstseins tun will.

Wenn ich abschließend auf unsere enormen, globalen Herausforderungen schaue, dann macht sich eher Ernüchterung breit.
Man könnte zur deprimierenden Einsicht gelangen, dass die Menschheit so gut wie nichts aus ihrer bewegten Geschichte gelernt hat. Technologisch haben wir in den letzten dreihundert Jahren eine atemberaubende Entwicklung hingelegt, aber im Bereich politischer Entscheidungsprozesse, im Umgang mit unseren natürlichen Ressourcen oder in der Begrenzung individueller wie kollektiver Gier nach Macht, Reichtum und Anerkennung fallen wir gnadenlos in alte, destruktive Verhaltensmuster zurück.

Wir hatten noch nie so eine detaillierte Beschreibung von den unterschiedlichen Sphären der Realität, die Landkarte der Wirklichkeit von Mikro- und Makrokosmos ist präzise wie nie zuvor, der Haken ist nur, wir haben vergessen, den Kartografen zu transformieren.

So ähnlich beschreibt Ken Wilber unser aktuelles Dilemma am Ende der fossilen Zeit, und ich kann dieser Feststellung nur völlig zustimmen.

Ich glaube, die Menschheit befindet sich derzeit in einem geistigen Schleudertrauma, die alten soziokulturellen Strategien haben ihre bindende Kraft verloren.

Ich wünsche mir, dass der künstlerische Gestaltungsraum wieder mehr als visionäres Erkenntnislabor begriffen wird, wo über alle regional mentalen Begrenzungen hinweg nachhaltig verwegene Baupläne für eine erstrebenswerte Zukunft entworfen werden.

In diesem Sinn möchte ich all meine Energie nutzen, um individuelle und kollektive Transformationsprozess auf dieser Erde weiter voranzubringen.

Egal, ob mein Körper nun im Osten ist oder im Westen.

Wir haben nur eine Welt und die braucht uns alle.

Die Erde braucht dich!

Egal, ob du schwarz, weiß, gelb, blau oder grün bist,
die Erde braucht dich.
Egal, ob du Mongole, Sudanese, Russe, Ägypter, Chinese, Kongolese, Franzose, Inder, Mexikaner, Deutscher, Inuit, Amerikaner, Afghane oder Finne bist,
die Erde braucht dich.

Egal, ob du Mormone, Moslem, Christ, Jude, Buddhist oder Atheist bist,
die Erde braucht dich!
Egal, ob du Frau oder Mann (oder viel diverser) bist, reich oder arm, heterosexuell oder schwul, konservativ oder zukunftsbesessen, akademisch gebildet oder ohne Schulabschluss,
die Erde braucht dich.
Egal, ob du Künstler bist oder Bürokauffrau, Möbeltischler oder InternetprogrammiererIn, WasserbettenverkäuferIn oder InvestmentbankerIn,
die Erde braucht dich!

Tu, was du kannst!
Pflanze einen Baum oder einen ganzen Wald.
Fang das Regenwasser von deinem Hüttendach auf und bewässere deinen kleinen Vorgarten.
Sammle Müll von der Straße auf oder geh mit einer Jutetasche zu deinem regionalen Ökomarkt.
Fahr mit dem Rad zur Arbeit und laufe zu Fuß in den neunten Stock zur Finanzbehörde.
Lege einen Komposthaufen an und wechsle deine Unterwäsche nicht jeden Tag (wenn du darfst).
Pflanze Tomaten auf dem Balkon und geh an den Regalen mit Süßkram vorbei.
Tu, was du kannst.

Iss weniger Fleisch oder gar keins.
Mach nicht jede Mode mit und trage deine Klamotten, bis sie verschlissen sind.

Lade deine fremdartigen Nachbarn ein und hör dir ihre Geschichten an.
Besuche einen Imkerkurs und lass deine Wiese selbstorganisiert verwildern.
Installiere eine Solaranlage auf deinem Carport und dusche nur jeden dritten Tag.
Tu, was du kannst.

Schlage nicht jede Fliege tot und füttere die Singvögel im Park.
Übernimm eine Patenschaft für ein Waisenkind und spende Kondome gegen die Überbevölkerung.
Repariere dein Bügeleisen und stopf die Löcher in deinen Socken.
Benutze vom Steuerbescheid auch die leere Rückseite und schreibe ein Liebesgedicht drauf.
Tu, was du kannst, denn die Erde braucht dich!

Entwickle dich!
Geh spontan zu einem Yogakurs, fahr mit der Geisterbahn, um deine schlechten Träume zu vertreiben, bau dir eine Schwitzhütte im Schrebergarten, melde dich im Oktober für ein Wochenend-Kommunikationsseminar an, lass dir vom Arzt eine Lachtherapie verschreiben, sprich mit einem exkommunizierten Priester über deine unvergesslichsten Sündenfälle, setz dich mutig in eine globale Selbsthilfegruppe, übe konsequent eine alte Meditationstechnik, lies heimlich einmal im Jahr dein Horoskop in einem Boulevardblatt und löse deine Lebensversicherung auf.

Entwickle dich.
Schrei dir im Wald deine angestaute Wut aus der Seele, tanze deinen Namen in der Farbenabteilung im Baumarkt, umarme Bäume und wenn nötig auch wildfremde Menschen, spiele Straßentheater vor der Justizvollzugsanstalt, versöhne dich mehrmals im Jahr mit deinem inneren Kind, lege drei Sofakissen übereinander und probiere eine Zenmeditation, schreibe täglich deine Erkenntnisse in ein Tagebuch aus Recyclingpapier oder trommle dich mit der gesamten HR-Abteilung bei einem zertifizierten Schamanen in Trance.

Entwickle dich.
Entspann dich bei einer sinnlichen Partnermassage, spiel die verstorbene Oma deiner besten Freundin bei einer Familienaufstellung, geh den Jakobsweg zusammen mit deiner Schwiegermutter (oder Schwiegervater oder wer immer neben dir geht), betrachte dich eine Stunde im Spiegel und sage dir unverblümt alle Wahrheiten ins Gesicht, dreh dich um und verliebe dich in deinen Schatten oder schreib einen beherzten Abschiedsbrief an dein erschöpftes Ich und erfinde eine neue Adresse.
Entwickle dich zu einem bewussten Menschen,
denn die Erde braucht dich.

Hör auf!
Hör auf, andere von deiner Wahrheit überzeugen zu wollen, denn deine Wahrheit ist nur ein Nebenprodukt der Relativität und entfaltet erst in der Ergänzung mit anderen Wahrheiten ihre ganze Kraft.

Hör auf, dich mit anderen zu vergleichen, denn du bist das Maß aller Dinge und musst deine wahre Größe in dir selbst finden.
Hör auf, dich als Opfer zu fühlen, denn sonst kannst du nicht deine vielen phantastischen Optionen erkennen.
Hör auf, aus Arroganz, Faulheit oder Ignoranz über das Leid der Welt hinwegzusehen, denn deine Tat kann alles verändern.
Hör auf, die Wirklichkeit nur in schwarz-weiß zu betrachten, denn sonst wirst du blind für dein kunterbuntes Handlungsspektrum.
Hör auf, dich zu unterschätzen, denn deine energetischen Impulse können das offene Gestaltungsfeld unserer Realität unvorhersehbar beeinflussen.
Hör auf, deinen alten destruktiven Mustern zu folgen, denn jetzt ist die Zeit, dich davon zu erlösen.

Stell dir vor!
Stell dir vor, die Regierenden kämen auf die Idee fünfzig (oder noch viel mehr) Prozent ihres Rüstungsetats in erneuerbare Energie zu investieren.
Stell dir vor, man würde von allen Kanzeln dieser Welt verkünden, dass sich die alten Götter weiterentwickelt haben und dass sie endlich neue Geschichten über ihr erweitertes kosmisches Bewusstsein hören wollen.
Stell dir vor, die Medien würden täglich über positive Ereignisse berichten.
Stell dir vor, man würde Abfall als Mangelerscheinung unserer Phantasie begreifen.

Stell dir vor, alle großen Unternehmen würden gerechte Steuern bezahlen.

Stell dir vor, man würde in kriegerischen Auseinandersetzungen den Menschen vorschlagen, dass jene, die Frieden wollen, sich auf die linke Seite stellen und jene, die kämpfen wollen, stellen sich auf die rechte Seite und dann baut man eine Mauer zwischen ihnen.

Stell dir vor, die Moderatoren von Talkshows würden ihre Gäste animieren, gemeinsam nach intelligenten Lösungen zu suchen.

Stell Dir vor, jeder Mensch erhält pro Jahr zwei Wochen bezahlten Urlaub, um mit anderen Menschen über den Sinn des Lebens und unsere Zukunft nachzudenken.

Stell dir vor, es gibt ein Leben nach dem Tod und du realisierst, dass die Erde dich gebraucht hätte.

PERSONENREGISTER

Baud, Roger 206
(Sozialpsychologe, Dozent)

Biermann, Wolf 65–67
(Liedermacher, Schriftsteller)

Busch, Ralf 173
(Kunsthistoriker, Museumsdirektor)

Cayce, Edgar 160
(Medium, Heiler)

Dalí, Salvador 80
(Künstler, Surrealist)

Dammbeck, Lutz 89, 96
(Filmemacher)

Ebersbach, Hartwig 79
(Maler, Hochschullehrer)

Gundlach, Franz Christian 194–196
(Modefotograf, Galerist, Sammler)

Hausner, Rudolf 58
(Maler, Grafiker)

Hawking, Stephen 160
(britischer Astrophysiker, Hochschullehrer)

Heisig, Bernhard 72, 133
(Maler, Grafiker, Hochschuldirektor)

Hellinger, Bert 160
(Psychoanalytiker, Buchautor)

Jobs, Steve 80
(Unternehmer)

Kunze, Reiner 60, 188
(Lyriker, Bürgerrechtler)

Lybke, Gerd Harry „Judy" 77
(Galerist)

Nielson, Lennart 161
(Fotograf, Autor)

Pearls, Fritz 160
(Psychoanalytiker)

Plessing, Karin 96
(Fotografin)

Rainer, Arnulf 80
(Künstler)

Stemmer, Wolfgang 90, 193
(Galerist)

Tannert, Christoph 88
(Kunstwissenschaftler, Kurator)

Theweleit, Klaus 160
(Soziologe, Germanist, Autor)

Wagner, Heinz 79
(Maler, Hochschullehrer)

Wilber, Ken 186, 221
(Philosoph, Begründer der integralen Philosophie)

INHALT

Körper im Osten, Geist im Westen   5
Hastiger Abschied   100
Schwierige Ankunft   113
Körper im Westen, Geist will wurzeln   147
Körper und Geist in der Welt unterwegs   200
Epilog   211

Personenregister   227